DES

DISTINCTIONS HONORIFIQUES

ET DE

LA PARTICULE

DU MÊME AUTEUR.

—

LE PARLEMENT DE BOURGOGNE, 1 broch. in-8°. Dijon, 1858.

DE LA MISSION DE S. BÉNIGNE A LANGRES, 1 broch. in-8. Langres, 1861.

SAINTE CHANTAL ET LA DIRECTION DES AMES AU XVIIᵉ SIÈCLE, 1 broch. grand in-8°. Paris, Muffat.

UN AVOCAT GENÉRAL AU XVIIᵉ SIÈCLE, Gaspard Quarré d'Aligny, étude judiciaire, 1861.

Arras, typ. Rousseau-Leroy, rue Saint-Maurice, 26.

DES

DISTINCTIONS

HONORIFIQUES

ET

DE LA PARTICULE

PAR

HENRI BEAUNE

Substitut du Procureur impérial à Dijon.

2e ÉDITION REVUE ET AUGMENTÉE.

PARIS

RENÉ MUFFAT, LIBRAIRE-ÉDITEUR

3, QUAI MALAQUAIS ET RUE BONAPARTE, 36.

1862

A

M. LE MARQUIS DE BELBEUF

SÉNATEUR

1er Président honoraire de la Cour
impériale de Lyon,
Officier de la Légion d'honneur, etc.

Hommage de respectueuse reconnaissance.

DES

DISTINCTIONS HONORIFIQUES

ET DE

LA PARTICULE

———

La loi du 28 mai 1858, en rétablissant
les pénalités édictées par le code de 1810
contre les usurpateurs de titres nobiliaires, n'a pas eu pour but, il est à peine
besoin de le dire, de reconstituer dans la
société une classe privilégiée : « La noblesse, disait l'honorable M. du Miral au
Corps législatif, ne peut plus être aujour-
d'hui, en France, qu'une distinction hono-

rifique pure de tout privilége, et ne doit plus rappeler l'idée d'aucune différence de caste. » C'est pour ce motif que dans l'article 259 du code pénal, l'expression « noblesse » a été remplacée par celle-ci « distinction honorifique, » qui, selon le rapporteur de là loi, définit mieux l'objet des vaniteuses entreprises que l'on a voulu réprimer. Si la noblesse, dépouillée de ses anciennes prérogatives, n'existe plus comme corps politique, elle existe donc au moins comme *distinction* sociale, et, bien que tout le monde puisse aujourd'hui se dire ou se croire noble sans redouter les pénalités judiciaires, il est interdit de s'attribuer, publiquement et sans droit, un signe distinctif qui présuppose la possession de la noblesse. Ne disons donc pas que la loi nouvelle est une loi politique, qu'elle protége une institution disparue ; disons seulement qu'elle défend l'intégrité de l'état civil, la propriété des familles ; c'est une loi d'ordre qui, selon la juste expression de M. Delangle dans son rapport au Sénat, *fait la police morale de la société.*

Voilà qui est bien : cette loi, inspirée par la conscience publique, est venue à temps pour « faire cesser le scandale des falsifications et des fraudes déshonnêtes » dont nous étions témoins depuis quelques années, et ses auteurs ont pu espérer qu'elle déterminerait enfin « dans le royaume de la vanité de nombreuses abdications [1] ; » mais il importe de s'entendre un peu sur son véritable sens et sur son application.

En apparence, rien de plus aisé : c'est la répression de toute usurpation commise dans un but honorifique ; répression délicate, dont l'exercice exige autant de prudence que de fermeté [2] ; qui peut atteindre sans ménagement ou s'arrêter avec discrétion, selon les circonstances, mais dont le

[1] Rapport au Corps législatif.

[2] Circulaire de M. le Garde des sceaux, du 19 juin 1858.

principe salutaire et protecteur est enfin posé.

En réalité, rien de plus difficile. Si la noblesse ne forme plus un corps, si elle n'existe plus que comme une simple et vague distinction, si elle n'a reçu aucune organisation nouvelle, si elle n'est plus une prérogative politique dont la possession est soumise à certaines conditions de capacité et à certaines lois, quels sont les titres, les qualités, les signes honorifiques dont l'usurpation constituera un délit ? Faut-il, sur ce point, se reporter exclusivement aux règles anciennes, ou la loi de 1858, éclairée par la jurisprudence de la chancellerie et des tribunaux, est-elle notre seul guide en cette matière ?

A l'égard des titres nobiliaires, tout le monde est encore d'accord. La légitimité de ces titres, reconnue par l'article 71 de la Charte de 1814, n'est contestée par personne, car l'article 71 n'a été abrogé ni par la Charte de 1830, ni par la Constitution de 1852. Le gouvernement provisoire avait, il est vrai, aboli la noblesse et interdit de prendre une qualification honorifique dans les actes publics, mais cette disposition a été spécialement effacée de nos codes par un décret de 1852. Les titres existent donc légalement, ils sont protégés par la loi, et l'usage en est soumis à des règlements particuliers. La noblesse nouvelle, la noblesse impériale a les décrets de 1808 qui l'instituèrent ; l'ancienne noblesse doit se reporter aux règles de l'ancienne monarchie française. « N'est-il pas clair, dit M. du Miral dans son rapport, que les usages de l'ancienne monarchie française ravivés dans l'ordonnance du 25 août 1817, et consacrés par les mœurs nouvelles, continueront à être la règle de toutes les transmissions dans l'avenir, comme ils le sont dans le présent ? Le projet n'innove pas et ne prépare aucune innovation. *Il ne fait que maintenir et sanctionner.* »

On aurait le droit, je le reconnais, de se demander si une loi essentiellement pénale peut maintenir et sanctionner par son silence même d'anciens usages de l'ordre purement civil ; il peut s'élever, malgré ce rappel de la tradition, quelques difficultés sur le mode de transmission des titres, par exemple, sur la question de savoir si la qualité de comte attachée à un majorat peut être portée après l'extinction du majorat, ou si, le titre du chef de famille étant réservé à l'aîné, les puinés sont autorisés à prendre un titre inférieur dans l'échelle des qualifications nobiliaires. Il est possible également de discuter sur la durée de la possession exigée pour justifier de la noblesse, car si un titre est une chose imprescriptible, il est équitable de fixer une limite où les preuves à fournir devront s'arrêter. Mais ce sont là des difficultés de détail qui ne portent pas sur l'interprétation de la loi : un règlement d'administration publique, ou même la jurisprudence uniforme

du Conseil du sceau (car ces questions re-
lèvent exclusivement de lui), suffirait à
les trancher [1].

Cependant outre les titres de duc, de
comte, de vicomte ou de marquis, il existe
certaines qualifications qui ont, aux yeux
du public, un sens honorifique. Il en est
enfin qui possédaient ce caractère dans
l'ancien droit. La loi nouvelle les enve-
loppe-t-elle toutes indistinctement dans sa
protection?

La question équivaut à celle-ci : Quels
étaient autrefois, quels sont aujourd'hui
les signes caractéristiques de la noblesse
non titrée?

Nous allons essayer de l'examiner.

[1] V. sur la question de compétence, qui n'est pas
douteuse, les arrêts des Cours de Rouen en date du
18 mars 1861 et de Nîmes, en date du 6 mai de la même
année. (*Recueil périodique* de M. Dalloz, 1862, 2, 17.)

I.

Il était universellement reconnu dans
l'ancien droit qu'il n'existait pas de véritable noblesse sans titre. Soit qu'il s'ap-
pelât *noble*, *gentilhomme*, *chevalier* ou *écuyer*,
tout Français appartenant au second ordre
de l'État avait le privilége de se revêtir
d'une qualité particulière qui était le signe
de sa naissance ou de sa dignité. Si l'on remonte aux premiers âges de la chevalerie,
on voit qu'il existait dès cette époque trois
degrés de noblesse : les *chevaliers bannerets*,
les *bacheliers* et les *écuyers*. Le temps, en modifiant certaines de ces dénominations, ne

changea pas le principe. « La noblesse qui distingue les nobles des non-nobles, disait Pothier dans son *Introduction générale aux coutumes*, consiste en certains *titres d'honneur* qui leur sont accordés. » Ces titres précédaient ou suivaient le nom, mais ne se confondaient pas avec lui. Il fallait les ajouter à la désignation individuelle pour faire reconnaître la noblesse, et cela était d'autant plus nécessaire que les priviléges de *gentillesse*, comme disaient nos pères, étant quelquefois personnels et pouvant toujours se perdre par dégradation, dérogeance ou autre cause, on ne devait pas attacher au nom de famille, perpétuel et héréditaire, un signe altérable ou passager.

« Par long usage du temps, dit Etienne Pasquier, nous avons appelez gentils-hommes et escuyers ceux que nous estimions estre nobles [1]. »

Il existait sans doute une différence

---

[1] Pasquier, *Recherches de la France,* liv. II, p. 130.

entre la qualité de *gentilhomme* et celle
d'*écuyer*. Les anoblis ne pouvaient prendre
la première qui n'appartenait qu'aux nobles
de quatre générations, et le titre de *chevalier* était ordinairement réservé aux gentilshommes de race qui faisaient partie
d'un ordre militaire ou qui étaient revêtus
de certaines hautes dignités civiles. Mais
celui d'*écuyer* était le titre générique, le
titre commun de la simple noblesse, surtout
depuis l'époque où la qualité de *noble*, fré-
quemment usurpée par la bourgeoisie,
avait perdu une partie de sa valeur, ainsi
que le reconnaît Loyseau dans son traité *des
Offices* [1].

Un arrêt du Parlement de Paris, du 30 octobre 1554, déclarait que le titre d'*écuyer*

---

[1] V. l'Appendice ı. — Il ne faudrait pas confondre
non plus le gentilhomme de nom et d'armes avec le
gentilhomme de quatre lignes. La Roque, dans son
Traité de la Noblesse, établit très-bien cette différence :
le premier était celui dont la noblesse était immémo-
riale, le second, celui dont le père, la mère, l'aïeul et
l'aïeule étaient déjà nobles.

était caractéristique de noblesse, jusqu'à preuve contraire.

En 1555, Henri II défendait de prendre cette qualité ou celle de noble sous peine de mille livres d'amende.

En 1560 et en 1579, les ordonnances d'Orléans et de Blois frappaient d'une amende arbitraire ceux qui, sans droit, « prendroient le nom et le titre d'*écuyer* ou porteroient armoiries timbrées [1]. » Les édits de janvier 1576 et de mars 1583 renfermaient de semblables prohibitions. Il est vrai d'ajouter que la multiplicité même de ces édits en prouve l'inefficacité.

En 1600, Henri IV défendait « à toutes personnes de prendre le titre d'*écuyer* et de s'ingérer dans le corps de la noblesse [2]. »

Trente-quatre ans après, Louis XIII renouvelait cette défense, et un arrêt du Parlement de Paris, rendu à la même époque,

[1] Ordonnance de Blois, art. 257.
[2] Édit de mars 1600, art. 25.

interdisait aux roturiers l'usage d'armoiries timbrées ou de la qualification d'*écuyer*, sous peine de 2,000 livres d'amende.

Un autre arrêt du même Parlement, en date du 13 août 1663, défendait « à ceux qui ne sont pas gentilshommes de prendre qualité d'*écuyer*, ni de timbrer leurs armes, le tout à peine de 1,500 livres d'amende applicable, le tiers, aux pauvres de cette ville de Paris, le tiers au dénonciateur, et l'autre tiers aux pauvres des lieux [1]. »

En 1668, Louis XIV décidait en son conseil d'État que la possession des qualités d'*écuyer* ou de *noble* ferait désormais seule preuve de noblesse. Quant à celle de *noble homme*, elle ne devait, d'après cette déclaration, tirer à aucune conséquence, quand même elle aurait été antérieure à 1560,

---

[1] *Journal des Audiences du Parlement de Paris*, t. II, p. 540, ch. XXVIII. Cet arrêt est rapporté par M. le marquis de Belbeuf dans sa spirituelle brochure : *De la Noblesse française en* 1861, Paris, Lahure, 1861.

par ce motif qu'elle était depuis longtemps
tombée dans l'usage public [1].

En même temps le grand Roi, dont les
guerres vidaient trop souvent le trésor,
ordonnait pour le remplir de fréquentes recherches des *faux nobles* [2], et, dans tout
le royaume, les commissaires *départis* à ces
informations poursuivaient rigoureusement
les usurpateurs de la qualité d'*écuyer*, sans
inquiéter ceux qui avaient ajouté à leurs
noms une particule ou la dénomination
d'une seigneurie. Notre naïf et immortel
fabuliste, qui s'était laissé donner, par dis-
traction sans doute, le titre d'écuyer dans

[1] Arrêt du conseil d'État, du 4 juin 1668, rapporté
par La Roque, p. 597.

[2] En 1656, 1664, 1665, 1666, 1667, 1669, 1696, 1702,
1703, 1714. Voici les termes de la déclaration de 1665 :
« Faisons très-expresses inhibitions et défenses à
toutes personnes qui ne sont pas d'extraction noble,
ni gentilshommes, de prendre à l'avenir les dites qualités
de *chevalier*, *noble* ou d'*écuyer*, et *autres titres de
noblesse*, et de porter armes timbrées, à peine desdites
deux mille livres d'amende. »

un acte public, quoiqu'il sortît de souche
roturière, fut lui-même victime de cette
sévérité. Condamné par défaut, à la requête des traitants, en 2,000 livres d'a-
mende, il ne dut sa grâce qu'au duc de
Boüillon, dont il avait invoqué la protection
dans une épître charmante [1]. Nul ne son-
geait alors à lui contester le droit de s'appeler *Jean de La Fontaine*, ou à ériger l'usage
de cette innocente particule en prétention
nobiliaire.

La législation des Pays-Bas prononçait
les mêmes prohibitions. Un édit, rendu à
Bruxelles le 29 février 1664, défendait de
prendre les titres de prince, de marquis,
de comte, de vicomte, de baron, de chevalier, d'*écuyer* ou *noble*, sans les prouver
par des lettres inscrites sur les registres
des hérauts.

Les généalogistes ne s'étaient jamais
avisés de transformer le mot *de* en un signe

---

[1] Epître v[e].

de noblesse. Quand il ne caractérisait pas l'ablatif, c'est-à-dire l'origine, il était l'indication grammaticale du génitif, c'est-à-dire de la possession [1]. Les articles *de, du, de la, des,* s'attachaient au nom du gentilhomme comme au nom du vilain, au nom du bourgeois comme à celui du plus humble artisan. Il en était de même du *le* que l'on confondait sans façon avec le *du*. *Le Terrail,* dit Brantôme, pour *du Terrail*. L'auteur du traité de la Vénerie s'appelait indifféremment *Le Fouilloux* ou *du Fouilloux*. Mlle de Montpensier parle dans ses Mé-

---

[1] On me fait remarquer qu'il existait au Moyen-Age une coutume qui put influer sur l'usage de la particule devant un nom patronymique. Elle consistait à rattacher par l'appellation les descendants au plus ancien auteur de la famille. On disait ainsi, en ne se servant que des prénoms : *Hugo filius Roberti, Hugues fils de Robert,* et bientôt, par abréviation, *Hugo Roberti, Hugues de Robert.* Mais cet usage, particulier au Midi de la France, ne saurait rien préjuger contre l'opinion que je développe plus haut, puisqu'il était suivi indistinctement par les nobles et par les roturiers.

moires d'un gentilhomme qu'elle nomme tantôt *Le Coudray*, tantôt *du Coudray* [1]. Une foule de familles qui portaient à bon droit le *de*, n'étaient pas regardées comme nobles, ou le possédaient avant de le devenir : ainsi les *de Metz*, les *de Caux*, les *de Rome*, les *de Bourgogne*, les *d'Arc*, et cette foule de *du Bois*, *du Val*, *du Ruisseau*, *des Etangs*, *de la Haye*, *de l'Épine*, *de l'Estrade*,

---

[1] Il est difficile de justifier la vanité que certaines personnes tirent de l'article *le* qui précède leur nom. Cet article prouve-t-il l'ancienneté ou la noblesse ? Pas le moins du monde. Il prouve seulement que le nom patronymique auquel il est attaché provient soit d'un sobriquet, soit d'une qualité physique ou morale, soit du pays d'origine, soit d'une fonction ou d'une charge. Ainsi *Le Beau*, *Le Sage*, *Le Maître*, *Le Moine*, *Le Maire*, *Le Fort*, *Le Voyer*, *Le Breton*, *Le Prévôt*, *Le Roux*, *Le Gendre*. A toutes les époques , on a imposé aux enfants nés de parents inconnus des noms de cette nature, et il n'y a vraiment aucune raison pour se glorifier d'une particule si vulgaire, qui tire quelquefois son origine d'un vice ou d'une difformité de famille. Faut-il être bien fier de s'appeler *Le Bossu*, *Le Borgne* ou *Le Fol* ?

de la Croix, de la Borde, qui peuplait les bourgades du moyen-âge. On peut s'en assurer par la lecture des exemples d'anoblissement que rapporte La Roque dans son *Traité de la Noblesse.* Jacques de Pacy, conseiller du Roi, fut anobli en 1339. Guillaume de Dormans, Gérard de Bucy, Jean de Machaut, Bernard d'Oradour, Hélie de Martine, et bien d'autres qui portaient déjà la particule, reçurent des lettres d'anoblissement. D'autres familles, nobles au contraire et très-nobles, n'ajoutaient point à leur nom cette syllabe si ambitionnée depuis. Les *Séguier,* les *Pasquier,* les *Molé,* les *Brûlart,* les *Briçonnet,* les *Colbert,* les *Anjorrant,* les *Talon,* les *Chifflet,* les *Bignon,* les *Lépagnol,* les *Turpin,* les *Le Veneur,* dont la maison date cependant du siècle de Philippe le Bel, n'auraient jamais eu la sottise de s'affubler d'un article qui n'indiquait pour eux ni l'origine ni la possession, et qui n'eût servi, tout au plus, qu'à les rendre ridicules. Mais on disait fort bien : *M. Molé de Champlâtreux*, M. *Séguier de Saint-Brisson*, M. *Le Veneur de Carrouges*, M. *Brûlart de Sillery*, parce qu'on sous-entendait un titre ou une qualité, et que cela équivalait à dire : M. *Molé, seigneur de Champlâtreux*, M. *Brûlart, duc de Sillery*.

Il existait, il est vrai, un certain nombre de familles qui ne possédaient qu'un seul nom, précédé d'une particule, parce qu'il provenait d'une terre ou d'une seigneurie. Ces familles, les plus anciennes de la noblesse française, avaient choisi pour nom patronymique, à l'époque où s'introduisit l'usage des noms héréditaires, c'est-à-dire aux XIIᵉ et XIIIᵉ siècles, celui du fief, du château, du comté ou de la baronnie qui leur appartenait : ainsi les Bourbon, les Montmorency, les Beauvau, les La Rochefoucault, les Rohan, les Harcourt. Pour elles, l'article était plus qu'un signe de possession ; il s'incorporait au nom lui-même, mais grammaticalement il ne s'expliquait que par une ellipse. Le sens logique était : *Jehan, seigneur de Bourbon, Etienne, comte de Beauvau, Pierre, sire d'Harcourt.* La particule était un accident et non une conséquence de leur noblesse, et l'on en faisait si peu de cas que nombre de personnes ne la séparaient pas, dans l'usage, du nom lui-même. Les édits de recherches de la noblesse sous Louis XIV sont contre-signés : *Delionne* pour *De Lyonne ;* le duc d'Anville, qui était cependant un Montmorency, supprimait toujours l'apostrophe, comme les marquis d'Aspremont et ceux d'Andelot ; le chancelier d'Aguesseau signait *Daguesseau,* et les d'Argenson, lorsqu'ils ne prenaient pas le titre de comte ou de marquis, écrivaient souvent : *Devoyer Dargenson.* C'est une remarque qu'il n'est pas inutile de faire pour la vérification des anciens actes de l'état civil, où d'ailleurs l'orthographe est si capricieuse et si variable.

La particule ne faisait donc jamais présumer la noblesse. Elle était si indifférente, elle était si peu la décoration spéciale de

la classe privilégiée, que les familles à qui
elle appartenait légitimement ne la séparaient pas de leur nom patronymique ou
quelquefois même la supprimaient complètement dans leur signature. Le marquis
de Feuquières, général des armées du roi
et ambassadeur de France, signait simplement *Feuquières*. Ses ancêtres avaient
pourtant figuré aux croisades. Croit-on
qu'Henri IV ait manqué de savoir-vivre,
parce qu'il n'a point écrit : « Pends-toi,
brave *de* Crillon ? » Bien au contraire. Il
était gentilhomme et savait que le *de* ne se
sépare point du nom de baptême ou du
titre personnel. On eût impitoyablement
raillé le gentillâtre campagnard qui aurait
dit : « Je quitte *de* Bouteville ou *de* La Tré-
moïlle. » Que, dans de rares circonstances,
nos rois aient accordé à certains particuliers
l'autorisation d'adjoindre le *de* à leur nom,
cela est possible, et nous n'avons aucun
motif pour le contester : on peut lire dans
La Roque qu'en 1596 un sieur Jean Loir

obtint de la faveur royale la permission de s'appeler *Jean de Loir*, et qu'en 1613, Ambroise Vic sollicita des lettres-patentes à l'effet de faire subir la même transformation à son nom. Ces lettres-patentes l'anoblissaient-elles ? Nullement. Personne n'eût alors osé le prétendre, et si l'on voulait donner à ce caprice isolé une explication vraisemblable, on la trouverait sans doute dans le désir qu'éprouvaient deux braves bourgeois, parvenus à la fortune, d'allonger un nom trop court ou de greffer leur tige naissante sur une souche de plus antique origine [1].

Quoiqu'il en soit, ce qu'il importe de constater et ce qu'il faut bien reconnaître, c'est que les familles anoblies ne prenaient point la particule à partir de leur anoblissement, et que celles à qui l'on concédait sous leur nom propre un titre héréditaire

---

[1] Il existait en effet une vieille famille de Vic, qui tirait son nom du bourg de Vic en Auvergne.

(le fait était rare, mais il se présentait quelquefois), étaient loin de commettre une faute de grammaire, qui eût fait sourire le moindre écolier. Les *Le Bègue*, créés comtes du Saint-Empire sous leur dénomination patronymique, sans autre titre de seigneurie, restèrent *Le Bègue* comme ci-devant. Ils n'imaginèrent pas de prendre leur nom pour un fief et d'être comtes de leurs propres personnes.

Je ne veux pas dire que, dès le XVIe siècle, l'usage ne se soit introduit d'ajouter à son nom originaire un nom de terre ou de seignerie. L'édit d'Amboise du 26 mars 1555, article 9, les cahiers des États généraux de 1579 et de 1614, l'ordonnance de 1629 témoignent assez des progrès de cet abus. Loyseau, dans son *Traité des Ordres*, ch. XI, § 4, remarque que « les gentilshommes d'à-présent sont tellement attachés à la terre ou possédés par leurs terres, qu'ils ayment mieux en porter le nom que celuy de leurs pères, lequel ils suppriment indi-

gncment. » Il parle même de « la vanité
de ces modernes porte-épées qui, n'ayant
point de seigneurie dont ils puissent
prendre le nom, ajoutent seulement un *de*
ou un *du* devant celuy de leurs pères, ce
qui se fait en guise de seigneurye. » Mais
il a bien soin d'ajouter aussitôt que « c'est
une incongruité contre cette règle de grammaire qu'on appelle la règle d'apposition [1]. »

Dans son *Indice armorial*, p. 371, Gélyot
exprime la même pensée : « Ignorans, dit-
il, tant nobles que roturiers, qui sont si
simples qu'ils croient se rehausser en
ajoûtant devant le surnom de leurs maisons

---

[1] Nos dictionnaires modernes semblent avoir oublié
cette sage remarque du vieux Loyseau. Voici ce qu'on
lit dans le *complément* du dictionnaire de l'Académie :
« La *particule nobiliaire* est la syllabe que les nobles
placent devant leur nom. » Pour reproduire complètement l'idée vulgaire, l'auteur aurait dû au moins
ajouter que cette particule n'était un signe de noblesse
que lorsqu'elle était séparée du nom ; sans cette condi-
tion tous les *Dubois* et tous les *Durupt* seraient anoblis,
de par le dictionnaire.

qui n'ont point de jurisdiction, la diction
de, *du* ou *des*, en quoi ils se trompent lour-
dement, parce que cette diction *de*, *du* ou
des emporte toujours avec soi un titre de
jurisdiction, laquelle doit estre sous le nom
de la maison ou de la famille; ainsy on ne
se doit point attribuer cette diction *de*, *du*
ou *des*. Car pour ne la point porter on
n'est pas moins gentilhomme, puisqu'il y a
de si grandes maisons qui n'en ont point
eu en leur surnom. Et ceux qui mettent
ces dictions devant leur surnom, sans avoir
de jurisdiction de ce nom là, si ils sont
roturiers, ils sont soupçonnés de déguiser
leur nom en quelque façon, si ils sont
nobles, ils se font tort et à leurs descendants, pour vérifier leur généalogie. »

La vraie noblesse faisait si peu de cas
de ces qualifications chimériques, qu'elle
ne prit jamais, avant le XVIIIᵉ siècle, la
peine de repousser ces intrus de son sein.
On savait que, noble ou bourgeois, chacun,
en dépit des ordonnances, ajoutait à son

nom celui de la terre qu'il possédait, et l'on ne faisait pas d'un signe général, presque universel dans certaines classes au moins, l'indice particulier, exclusif de la qualité nobiliaire.

La comédie qui nous révèle les usages et aussi les travers de la société contemporaine, nous fournit mille exemples de cette règle alors invariable. Lorsque, pour rivaliser avec le marquis de Tuffières, le riche financier Lisimon s'anoblit dans un contrat, quels titres prend-il ? Se fait-il appeler *Antoine de Lisimon ?* Pas le moins du monde. Il se dit *écuyer, seigneur suzerain d'un million d'écus.* A défaut de terres féodales, il s'en fait une de son argent. Il est seigneur de sa caisse, c'est un bon trait de gaîté. Il n'est pas seigneur de son individu, ce qui n'eût été qu'une balourdise.

On pourrait m'opposer, il est vrai, une déclaration de Louis XIV, en date du 3 mars 1699, qui, tout en renouvelant les défenses exprimées à l'égard des surnoms

de terres par l'ordonnance de 1629, interdit à tous autres qu'aux nobles de races
de prendre le *de* avant leur nom [1]. Cette
mesure, empruntée à un édit rendu le
4 juillet 1650 par Philippe IV pour la
Flandre, s'explique historiquement sans
longs commentaires. Elle concernait uniquement la Franche-Comté, province espagnole cédée à la France par le traité de
Nimègue en 1674, et où il existait une
nombreuse et vieille aristocratie, très-
jalouse de ses priviléges, dont Louis XIV
avait promis le maintien au moment de sa
conquête. Or, il se glissait dans les assemblées de la noblesse une grande quan-
tité de gentilshommes douteux, dotés de
seigneuries plus ou moins imaginaires, qui
venaient, à l'aide de noms sonores, comme
les *porte-épées* dont parle Loyseau, prendre
rang parmi les nobles du pays. Il était difficile de se livrer à des recherches bien

---

[1] Collection Isambert, t. xx, 333.

approfondies : la province était nouvelle-
ment française, elle tenait à ses antiques
usages, et la noblesse s'était déjà plainte
de l'insuffisance des lois prohibitives qui
s'opposaient, en France, à l'usurpation des
faux gentilshommes. C'est pour éloigner
ces derniers que le chancelier Boucherat,
sur les représentations des députés comtois,
renouvela les défenses déjà exprimées par
les souverains espagnols. Il interdit d'u-
surper les qualités de noble et d'écuyer,
et en même temps d'accumuler, à la mode
espagnole, des noms de terre ou de famille
précédés de la particule. Mais cette ordonnance ne s'appliqua jamais dans le reste
de la France, où elle n'aurait atteint personne, et elle reconnaît elle-même qu'à
l'égard du *de*, l'usage français était entièrement différent de l'usage espagnol.

L'ordonnance rendue en 1585 par
Charles III, duc de Lorraine, ne fortifie
pas mieux la thèse que je combats ici. Les
changements de noms s'étaient tellement

multipliés dans les duchés de Lorraine et de Bar que le souverain crut nécessaire de réprimer cet abus, et, pour y parvenir, il défendit « à toutes personnes, quelles qu'elles fussent, » nobles, anoblis ou roturiers, d'ajouter un titre ou une particule à leur nom patronymique, « ains se contenir ou arrester à celuy de leurs aïeux.... s'ils n'ont concession et privilége particulier de nous ou de nos prédécesseurs. » C'est l'ordonnance de Marillac de la Lorraine.

Ces prohibitions locales, dont il importe d'ailleurs de bien connaître le véritable sens et la vraie portée, étaient si peu applicables en France qu'un ministre du grand roi fut l'un des premiers à donner l'exemple de l'addition de la particule. Chamillart, secrétaire d'État au département de la guerre, se transforma, un beau jour, en M. *de* Chamillart. Contrairement à ceux de ses prédécesseurs qui, comme lui, sortaient de la bourgeoisie, il n'avait pris aucun titre, ni adopté aucun nom de seigneurie, et les bureaux, deshabitués de cette antique simplicité, le gratifièrent d'un *de* qu'il conserva. Les mémoires du temps donnent une idée du ridicule qui s'attacha à lui. L'innovation fut réputée si bizarre qu'elle resta longtemps isolée. Le satirique Petit, de Rouen, raillait bien, dès 1686,

Le *dé* que l'on ajoute à son nom inconnu
Qui, sans cet ornement, paraîtrait un peu nu ;

mais on n'osait pas, encore une fois, l'ériger en signe nobiliaire ; cela décelait « l'homme nouveau et peu instruit [1] ; » les récits contemporains et les nombreux arrêts de maintenue rendus en faveur des anciens nobles en fournissent la preuve péremptoire.

Vers 1750 seulement, certaines personnes avancèrent, sous je ne sais quel prétexte, qu'à la quatrième génération, un

---

[1] Dumarsais, *Encyclopédie*, t. i, p. 772.

anobli devenu gentilhomme selon les règles héraldiques, acquérait le droit de transporter la particule de son fief à son nom. Cette insinuation nouvelle eut le sort de bien des paradoxes : on en plaisanta d'abord, puis on s'en servit. En 1775, la chancellerie impériale de Vienne, la plus complaisante de l'Europe en matière de noblesse, imagina d'introduire dans ses diplômes, entre toutes les faveurs puériles qu'elle octroyait généreusement à ses nombreux clients, cette clause inouie jusqu'alors : « Item, permettons au sieur... anobli par ces présentes, d'user de la particule, si tel est son plaisir. *Item uti particula* DE *vel* A, *si voluerit.* » Je ne serais pas éloigné de voir dans ce « si voluerit » une raillerie allemande à l'adresse de cette nouvelle manie française [1]. Quoiqu'il en

---

[1] On a plaisamment appelé cette noblesse allemande, octroyée quelquefois par des diplômes en blanc, la noblesse *au porteur.*

soit, cette étrange concession était de-
meurée le privilége des nobles du Saint-
Empire et n'avait jamais été reconnue en
France, lorsque la nuit du 4 août vint ba-
layer les institutions féodales. De toutes
les vanités emportées par la tempête, la
moins justifiée fut précisément celle qui
survécut.

II

Il est hors de doute que l'usage actuel a favorisé cette prétention singulière. Parmi les nombreuses altérations de noms commises de nos jours, il n'en est point de plus fréquentes que celles qui consistent dans l'addition d'une particule. Les terres seigneuriales étant le plus souvent, dans l'ancien régime, entre les mains de la noblesse qui en avait pris les noms, le public, peu versé dans la science des feudistes, méprisée de tout ce qui n'était pas archéologue ou curieux, regarda dès lors le *de*, signe de possession, comme une marque de noblesse, et les intéressés n'eurent garde de dissiper cette erreur.

Elle avait du reste une autre cause, jusqu'ici peu remarquée. Lorsque les lois de la Révolution proscrivirent les qualifications nobiliaires, les familles qui les possédaient s'empressèrent, par une crainte exagérée, de supprimer la particule qui unissait leur titre à leur nom. C'était là une précaution inutile, car ni le décret du 19 juin 1790, ni la loi du 6 fructidor an II ne prohibaient l'usage du *de*. L'Assemblée constituante avait seulement défendu de prendre les qualités de *prince, duc, comte, marquis, vicomte, vidame, baron, chevalier, messire, écuyer, noble,* et laissait à tous les citoyens l'usage de leurs noms patronymiques. La Convention s'était également bornée à interdire l'addition de surnoms d'origine féodale ; comme sa devancière, elle avait gardé le plus profond silence sur la particule. Le *Moniteur* de 1790 à 1800 est rempli de noms ainsi précédés,

qui appartenaient cependant à de fa-
rouches tribuns, aux plus purs des monta-
gnards. M. Mortimer-Ternaux nous a récemment appris que Danton, le terrible
Danton, avait longtemps signé *d'Anton*, et
qu'il ne supprima l'apostrophe que peu de
temps avant sa mort. Mais la peur ne rai-
sonne pas : tous les vrais nobles quittèrent
leur *de*, et quelques bons bourgeois, dotés
de *savonnettes à vilains*, se crurent obligés
de les imiter [1]. Lorsque, la crise passée,

---

[1] M. Falconnet, procureur général près la Cour de
Pau, a émis l'opinion contraire dans un réquisitoire
cité par M. Dalloz (D. P. 59, 2, 92). Il pense que la
suppression de la particule était une conséquence
forcée des décrets des 6 fructidor an II et 19 nivôse an
VI, et qu'il n'y avait pas moyen de s'y soustraire. Il
suffit de lire le texte de ces décrets pour se convaincre
qu'ils ne défendaient en aucune façon l'usage de la
particule, par cet excellent motif que celle-ci n'avait
point alors le caractère nobiliaire qu'on lui a attribué
depuis. Les art. 2 et 4 de la loi de l'an II maintiennent
d'ailleurs expressément en certains cas l'usage de
signer et de prendre des surnoms, presque toujours
reliés au nom principal par une particule. Une inter-

les anciens titres furent rendus à leurs possesseurs, on restaura naturellement avec eux la particule, et les gentilshommes non titrés, ne pouvant plus reprendre la qualité de *seigneur* abolie avec les fiefs, imitèrent la haute aristocratie en reprenant du moins une humble syllabe. On pense bien que cela donna lieu à de nombreuses usurpations, et que les moins embarrassés furent précisément ceux qui y auraient eu le moins de droit avant 89. Les plus hardis furent aussi les mieux inspirés ; le *de* se glissa dans les actes de l'état civil, confiés à la rédaction de maires souvent peu éclairés ou trop complaisants ; tout le monde prétendit avoir été victime des prohibitions révolutionnaires, et la supercherie fit plus de nobles que l'écha-

prétation exagérée de la loi a pu seule déterminer les parties ou l'officier de l'état civil à la supprimer dans les actes rédigés pendant la période révolutionnaire. L'arrêt de la Cour de Nîmes, du 11 juin 1860, confirme complètement cette opinion. (D. P, 62, 2, 19.)

faud ou le canon n'en avait détruits. Cette
fièvre de particules devint une épidémie.
Un petit signe alphabétiqne acquit tout-à-
coup une vertu magique ; une apostrophe
suffit à grandir son porteur, et l'on vit un
simple déplacement de majuscule creuser
un abîme presque infranchissable entre
deux membres d'une même famille. Par
contre, certains libéraux qui avaient le
malheur de posséder la particule en firent
un généreux sacrifice aux préjugés bourgeois du moment : le marquis de La Fayette
devint *M. Lafayette* tout court, et Benjamin
Constant abdiqua avec orgueil le surnom
de Rebecque qu'il tenait de sa famille. C'est
ainsi que l'on arriva bientôt à confondre
la noblesse avec le signe qui l'accompa-
gnait souvent ; les tribunaux eux-mêmes
ne demeurèrent pas inaccessibles à cette
vulgaire opinion [1].

---

[1] V. avant la loi de 1858 : Cour Cassation, 17 juillet 1843 ; Caen, 13 février 1846 ; Douai, 10 août 1852 ;
Montpellier, 29 mai 1855 ; Agen, 28 décembre 1857 ;

Chose bizarre ! les titres impériaux ne
furent pas à l'abri de ces additions ridicules. Des hommes qui devaient leur fortune
aux institutions de leur pays et de leur
temps, n'hésitèrent pas à se donner, au prix
d'un mensonge et d'une ingratitude, pour
les représentants d'un autre âge. Pour
singer l'ancienne noblesse, pour essayer
de se confondre avec elle, les noms les
plus roturiers s'embellirent sous la Res-

trib. de la Réole, 27 mai 1858. — Depuis la loi de 1858 :
Pau, 15 novembre 1858 ; Limoges, 24 novembre et 10
décembre 1858, 10 janvier 1859 ; Aix, 26 mai 1859 ; Paris,
10 juin 1859 ; Bordeaux, 28 août 1860 ; Grenoble, 29
février 1860 ; Colmar, 6 mars et 15 mai 1860 ; Agen,
26 juin 1860 ; Metz, 31 juillet 1860 ; Cass., 5 novembre
1860. Tous ces arrêts sont plus ou moins explicites
sur la question ; les uns l'indiquent seulement, les
autres posent au contraire carrément la doctrine que
je me permets de combattre.

D'autres arrêts plus récents — et je dois ajouter que
c'est la tendance actuelle de la jurisprudence, — reconnaissent que la particule n'a jamais caractérisé la noblesse. V. Nîmes, 11 juin 1860 ; Bordeaux, 14 janvier
et 4 février 1861. (D. P. 62, 2, 17.)

tauration d'un *de* postiche, comme si leurs
possesseurs avaient à rougir d'une illustration récente, conquise au prix du sang
dans de glorieux combats ! On vit apparaître des comtes *de Durand* et des barons
de Martin. Si prodigues qu'ils soient de
dénominations nobiliaires, puisqu'ils ont
su transformer la *victoire* et la *paix* en
fiefs chimériques, les Espagnols étaient
cette fois dépassés : ils n'avaient point inventé les ducs *d'Espartero* et les princes
de Godoï.

Rien ne justifiait de semblables usurpations. Lorsque l'empereur Napoléon avait
distribué à ses généraux des titres moins
pompeux, mais plus réels, lorsque les duchés de Montebello, de Reggio, de Valmy,
d'Istrie, de Conegliano, de Frioul, lorsque
les principautés de Wagram, de Neufchâtel
et de la Moskowa étaient sorties de la fumée
des batailles, le conquérant de l'Europe
n'avait pas fait des ducs *de Bessières-Istrie,
de Kellermann-Valmy, de Duroc-Frioul, de*

Berthier-Neufchâtel; ces nobles paladins du cycle moderne s'appelaient avec raison MM. *Bessières, duc d'Istrie, Moncey, duc de Conegliano, Berthier, prince de Neufchâtel et de Wagram.* Qui se serait avisé de donner au héros de la retraite de Russie le nom de maréchal *de Ney?*

La mode, ce grand maître, consacra tous ces néologismes. Il s'en introduisit un autre qui n'eut pas moins de succès, quoiqu'il ne fût pas moins ridicule. On prit dans le monde l'habitude de donner le *de* aux personnes qui portaient la particule sans le faire précéder d'un titre ou d'un nom de baptême. Dans un roman intitulé *l'Orgueil,* un des péchés capitaux de l'auteur, on lit ces phrases : « C'est autant de temps qu'il nous en faudra, dit le bossu, en jetant un regard significatif à *de* Mornand et à *de* Ravil, qui néanmoins ne comprirent pas davantage où le marquis voulait en arriver. En peu de mots, Herminie raconta au bossu les vaines tentatives *de*

3.

de Ravil. » Jamais jusqu'alors, on n'avait commis une semblable hérésie de langage. Les gens de bonne maison n'employaient la particule que lorsqu'elle reliait soit un prénom, soit un titre au nom du fief ou de la seigneurie. On disait au moyen-âge *Robert de Bourgogne* ou *Robert, duc de Bourgogne ;* mais le roi de France n'aurait point dit : « *De Bourgogne* est mon cousin. » Quand Philippe-le-Bon écrivit au duc d'Orléans, il intitula sa réplique : *Responce de Bourgoigne à Orléans.* Plus tard, Boileau disait, lui :

> Qu'à Chantilly, Condé les souffre quelquefois ;
> Qu'Enghien en soit touché ; que Colbert et Vivonne,
> Que La Rochefoucauld, Marsillac et Pomponne,
> A leurs traits délicats se laissent pénétrer, etc.

S'il eût imprimé *d'Enghien, de Marsillac,* la cour du grand Roi lui eût tout entière ri au nez. Molière s'est de même bien gardé de faire dire à son Mascarille : « Mon cher *de* Jodelet » ; il savait trop bien son monde et n'ignorait pas que le *de* doit toujours être précédé d'un nom de baptême ou d'un titre. L'empereur Napoléon, qui était fort bon gentilhomme, n'appelait jamais son secrétaire *de* Bourienne, et si, sous la Restauration, Louis XVIII se permettait de dire : « Mon cher Decazes, » c'est que la particule n'était pas dans ce cas séparée du nom patronymique.

Ce fut en juillet 1830 que Casimir Delavigne introduisit pour la première fois cette erreur dans la poésie. Il fit chanter dans les rues :

> Soldat du drapeau tricolore,
> D'Orléans, toi qui l'as porté...:

C'était, à tous les titres, une poésie révolutionnaire, mais la France avait alors bien autre chose à faire qu'à relever un barbarisme. Dans la famille du roi Louis-Philippe, mieux formée aux traditions, je suis persuadé, néanmoins, que l'on n'a jamais dit : *d'Aumale*, *de Joinville*, comme l'on n'a jamais dit en Angleterre : *Sir Scott*, *sir Moore*, mais *sir Walter Scott*, *sir Thomas Moore*.

III.

Reconnue par l'usage, acceptée par le monde, fortifiée par la jurisprudence, la valeur erronée de la particule était assez forte pour forcer la main au législateur. La première rédaction de la loi de 1858 ne punissait, comme le code de 1810, que l'usurpation des *titres de noblesse* [1] ; c'était l'expression adoptée par le Conseil d'État et c'était la pensée primitive de la commission : « Le rétablissement, dans le code pénal, des dispositions qui punissaient l'u-

---

[1] V. le *Moniteur* du 21 mars 1858.

surpation des *titres de noblesse* est, dit
l'exposé des motifs de la loi, une mesure
dont la sagesse et l'utilité ne peuvent être
contestées... Ce serait se faire illusion de
croire que l'autorité de l'opinion et la
puissance des mœurs sont assez fortes pour
arrêter le désordre. Enhardi par l'impu-
nité, il s'accroît chaque jour, et l'action de
la justice répressive peut seule mettre un
frein au nombre et à l'audace des usurpations... A toutes les époques, les hommes
d'État ont reconnu aux *titres de- noblesse*
une valeur politique considérable ; et cela
est aussi vrai de ceux qui les ont proscrits
que de ceux qui les ont rétablis ou con-
servés. On voit de plus que, lorsque l'autorité monarchique est puissante et res-
pectée, les *titres de noblesse* retrouvent leur
influence et leur éclat. » A ces termes si
clairs, la discussion substitua l'expression
de *distinction honorifique*. On regarda comme
impolitique et dangereux de prononcer le
mot *noblesse*, et on le remplaça par une

périphrase qui parut avoir un sens plus
étendu parce qu'il était plus vague. L'abus
de la particule était si grand, d'ailleurs,
que le Corps législatif voulut en même
temps le détruire et qu'un paragraphe spécial du rapport y fut consacré. « Comme le
titre, plus que le titre même, dit l'organe
de la Commission, la particule s'ajoute au
nom, en fait partie, se communique et se
transmet. Elle le décore dans nos mœurs
presque à un égal degré, et fait croire
davantage à l'ancienneté d'origine. Son
usurpation méconnaît le droit du souverain, sans l'autorisation duquel les noms ne
peuvent être changés ; elle porte atteinte
aux droits respectables de ceux qui en ont
la possession légitime. »

Le but que se proposait le législateur
était excellent : il voulait tenir compte des
mœurs du jour encore plus que des institutions anciennes, et du moment où il enve-
loppait toutes les usurpations de la vanité
dans la même proscription, il ne pouvait

oublier celles qui, à tort ou à raison, affec-
taient aux yeux du public une prétention
honorifique. Les termes explicites du rapport présenté au Corps législatif ne per-
mettent donc pas de croire, avec M. Adolphe
Chauveau [1], que l'usage illégal de la particule ne soit point atteint par le nouvel article 259 du Code pénal.

Malheureusement, en ne faisant aucune
distinction, le rédacteur de la loi de 1858
a dépassé le but qu'il poursuivait. Aux
yeux du public, aux yeux de quelques auteurs, en punissant l'usurpation de la particule à l'égal de celle des véritables titres
honorifiques, il a paru faire de cette petite
propriété syllabique, comme l'appelle le pré-

---

[1] M. Adolphe Chauveau, *Journal de Droit administratif*,
1858, t. vi, p. 155.

M. Dalloz avait d'abord partagé l'opinion de M. Chauveau dans la première édition de la *Jurisprudence
générale*, t. x, p. 414; mais il l'a abandonnée avec
raison depuis la nouvelle rédaction de l'art. 259 du
Code pénal. (D. P. 1859, 2, 89.)

sident de Brosses, un attribut de la noblesse, il lui a donné une consécration que l'ancien droit, que le droit nouveau lui avaient toujours refusée. On a bientôt conclu de ces termes que tout noble avait aujourd'hui droit à la particule, et pouvait l'ajouter à son nom sans autorisation.

M. Perrin de Sémainville, dans son *Code de la noblesse,* a le premier renouvelé cette doctrine qui avait pris naissance, comme nous l'avons dit plus haut, à la fin du dix-huitième siècle, et un studieux écrivain qui s'est adonné aux études nobiliaires, M. J. Maulbon d'Arbaumont, dans le *Cabinet historique* de novembre 1860, a fait un pas de plus en déclarant que « la particule est le seul équivalent possible, l'équivalent *légal* des anciens titres caractéristiques de la noblesse française, et que les tribunaux ne doivent point hésiter à rectifier dans ce sens les actes de l'état civil des personnes qui justifient de leur noblesse. » Il appuie cette opinion sur un arrêt de la Cour de

Montpellier de 1859, qui autorise les petits-
fils d'un anobli à faire précéder, dans leurs
actes de naissance, leur nom patronymique
de la particule *de*, à laquelle « ils avaient
droit comme signe de la noblesse conférée
à leur aïeul. »

Au premier coup d'œil, cette opinion
radicale paraît assez logique. On dit au
législateur de 1858 : De deux choses l'une :
ou la particule est un signe honorifique, ou
elle n'en est pas un. Si elle constitue une
distinction, vous devez l'accorder à tous
les nobles, car vous avez promis votre protection à une institution « qui apparaît
comme le prix du courage, des services
rendus à la patrie, du devoir poussé jusqu'au sacrifice [1], » bien plus, vous devez
les autoriser à la prendre *de plano*, sauf les
formalités à remplir pour les rectifications
des actes de l'état civil, sans les obliger à

---

[1] Rapport de M. Delangle au Sénat, au nom de la
Commission des pétitions, le 28 février 1855.

fournir d'autre preuve que celle de leur noblesse. Si elle n'est rien, au contraire, pourquoi frapper ceux qui s'en emparent?

Malgré sa logique apparente, cette spécieuse interprétation doit être réfutée. Elle ne repose ni sur l'usage ancien, ni sur le sens véritable de la législation nouvelle.

Au point de vue nobiliaire qui préoccupe surtout les auteurs dont je parle, elle aurait l'inconvénient grave d'introduire dans la noblesse une foule de familles qui n'en ont jamais fait partie, quoiqu'elles portent à juste titre la particule. Les uns ont la possession, les autres ont obtenu l'autorisation du souverain ou un jugement rectificatif. Elles sont en règle : bon gré, mal gré, il faut respecter les droits acquis. Les noms les plus vulgaires deviendraient ainsi les plus illustres ; les innombrables *de la Rue*, *de la Roche*, *du Plessis*, *de la Porte*, qui remplissent nos villes et nos campagnes, ne s'en plaindraient point sans doute ; mais ce ne serait pas le moyen de « rendre dans l'avenir à une institution inséparable du pouvoir monarchique, tout son lustre et toute sa sincérité [1]. »

Au point de vue légal, elle est en contradiction formelle, sinon avec le texte, du moins avec la pensée de la loi.

Quel but s'est-on proposé en 1858 ?

Est-ce la restauration d'une caste, d'un corps politique, d'une classe privilégiée ? Non; l'égalité moderne s'y oppose et personne n'oserait le soutenir.

Est-ce la reconnaissance des anciens titres et la création de nouvelles distinctions honorifiques ? Non, car les titres anciens avaient repris leur existence légale depuis le décret de 1852; ils n'avaient pas besoin d'être reconnus, mais d'être protégés. L'article 259 n'en a modifié ni le nombre, ni les conditions. Il n'a rien innové, parce qu'une loi répressive ne crée pas, mais

---

[1] Rapport de M. le Garde des Sceaux Abbatucci, en 1858.

sanctionne. On ne conserve que ce qui existe ; on ne ratifie que ce qui vaut déjà ; on ne donne pas une armure à un fantôme. Il serait contraire aux règles fondamentales de notre législation d'insérer une disposition civile dans une loi criminelle ; il serait plus insolite encore de la sous-entendre, si elle n'avait pas été clairement exprimée ailleurs : la rédaction de notre Code pénal, si précise, si nette, si limpide, est pure de toute erreur semblable.

Qu'a donc voulu le législateur ? Il a voulu « rendre aux titres légitimement acquis leur importance réelle et leurs droits au respect public [1]. » Il a voulu « mettre un terme aux abus, atteindre la fraude et le charlatanisme, ramener l'ordre dans l'état civil [2]. » Il a voulu, en un mot, respecter ce qui existait et le faire respecter. Pas autre chose.

---

[1] Rapport à l'Empereur sur le rétablissement de Conseil du sceau des titres, par M. de Royer.

[2] *Idem.*

Il n'a rien organisé, en effet, il n'a rien
réglé, il a laissé toutes les questions indé-
cises, et certes, elles abondent en cette matière confuse et délicate qui s'est compli-
quée de toutes les perturbations subies par
les mœurs, la législation et la société. Le
rapporteur de la loi de 1858, M. du Miral,
avait si bien prévu ces difficultés, qu'il
émettait le vœu qu'un règlement ultérieur
vînt « consacrer les règles de transmission
actuellement pratiquées ou déterminer à
nouveau les conditions de la possession
légitime en l'absence de titres, déjà fixées
par la législation ancienne. » Ce règlement
n'est pas intervenu et n'interviendra sans
doute jamais. Le gouvernement l'a remplacé
par une commission permanente qui « délibère et *donne son avis* sur les demandes en
reconnaissance et en *vérification de titres* [1]. »
Mais cette commission est uniquement
chargée de préparer les bases des déci-

---

[1] Décret du 8-12 janvier 1859, art. 6. (D. P. 59 4, 5.)

sions impériales ; elle statue sur des espèces particulières ; aucun de ses avis n'a
été publié, et quelle que soit leur autorité
comme jurisprudence, ils ne peuvent tenir
lieu de règles générales. Restent donc l'ancien droit et les usages anciens qu'il importe d'accommoder à la loi nouvelle.

Or, jamais ni ce droit, ni ces usages, je
crois l'avoir démontré tout à l'heure, n'ont
accepté la particule comme un signe nobiliaire. La vanité a pu s'en emparer, l'ignorance a pu lui donner un certain crédit ;
jamais la loi ne l'a reconnue.

Aujourd'hui même, en fait, elle lui accorde si peu ce caractère, que le Conseil
du sceau des titres, seul investi de l'examen des questions relatives à la noblesse,
ne connaît point, malgré l'article 6 *in fine*
du décret du 8 janvier 1859, des demandes
en addition de la particule. Ces demandes
restent soumises aux formes tracées par la
loi du 11 germinal an XI. Lorsqu'elles par-
viennent à la chancellerie, elles reçoivent

invariablement la même réponse : « Si une
possession constante ou des titres anciens
témoignent que la particule était autrefois
attachée au nom de votre famille, pour-
suivez la rectification de votre acte de naissance devant les tribunaux civils. Sinon,
pourvoyez-vous devant la juridiction gra-
cieuse de Sa Majesté, qui accorde ou refuse,
selon les circonstances, les autorisations
de cette nature. » Dans ce dernier cas,
l'autorisation accordée n'implique pas la
concession ou la reconnaissance de la noblesse ; elle consacre seulement ce principe
d'ordre public, que nul ne peut changer
son nom sans la permission du souverain.

Si la loi de 1858 n'a pas innové, si elle a
laissé aux règles anciennes leur autorité et
leur vigueur, jusqu'à ce qu'elles soient
modifiées par la législation ou la jurisprudence, et si le Conseil du sceau les applique chaque jour avec scrupule, que si-
gnifie ce terme vague de *distinction honori-*

fique? Pourquoi confondre ce qui n'a jamais été confondu ?

Je ne viens pas attaquer l'œuvre du Corps législatif ; je cherche au contraire à la justifier. Avant tout, la loi doit tenir compte des mœurs. Ce sont les mœurs, a-t-on dit, qui font la loi, et non la loi les mœurs. Cela est vrai, surtout pour ces habitudes sociales qui n'ont pas un lien direct avec les institutions politiques, et l'on ne saurait se dissimuler qu'il est quelquefois difficile, même avec d'excellentes lois, de corriger des usages vicieux, lorsqu'ils ont reçu la consécration du nombre et du temps. « L'opinion publique, disait Champfort, est une juridiction que l'honnête homme ne doit jamais entièrement reconnaître et ne jamais décliner. » Elle est souvent plus forte qu'un décret. Si l'ordonnance de 1629, qui défendait d'ajouter à son nom celui d'une terre, d'un fief ou d'une seigneurie, n'a pu être exécutée à une époque où la noblesse formait un corps privilégié dans l'État,

4

combien n'est-il pas plus périlleux de lutter de front avec l'usage, quand cette noblesse n'a plus, comme aujourd'hui, qu'une valeur décorative et purement idéale ?

> Se croire un personnage est fort commun en France :
> On y fait l'homme d'importance,
> Et l'on n'est souvent qu'un bourgeois.
> C'est proprement le mal françois ;
> La sotte vanité nous est particulière [1].

Il n'était pas au pouvoir législateur de guérir ce « mal françois, » mais il pouvait du moins arrêter la contagion. C'est ce qu'il a tenté de faire en 1858.

Le projet primitif punissait ceux « qui se seraient attribué sans droit un titre de noblesse [2] ; » cette rédaction empruntée au Code de 1810, était à la fois conforme aux précédents et à la raison.

---

[1] La Fontaine, *Fables*, t. VIII, f. XV.

Un des descendants de l'immortel fabuliste, M. de Longpérier, a publié dans l'*Athenæum* de 1851 une spirituelle critique de ce mal françois.

[2] V. le *Moniteur* du 21 mars 1858.

Mais elle laissait précisément en dehors
ce que l'on désirait surtout atteindre, c'est-
à-dire l'abus de la particule, à laquelle le
vulgaire attribuait un caractère honorifique. Si les usurpations de titres étaient
nombreuses, celles de la particule l'était
plus encore ; l'état civil des citoyens était
impunément altéré, malgré les prohibitions
législatives, depuis que la loi du 6 fructidor an II, qui défendait les changements
de nom sous peine de six mois d'emprison-
nement, avait été déclarée implicitement
abrogée par la jurisprudence [1].

Sans doute on aurait pu faire revivre
cette disposition pénale ; sans doute un mot,
un seul mot glissé dans l'exposé des motifs
par le rapporteur de la loi nouvelle, aurait
suffi à modifier une jurisprudence incer-
taine que combattaient avec raison de judi-
cieux écrivains [2] ; mais la pénalité de l'an II

---

[1] Arrêt de la Cour de Lyon, du 30 août 1827. (D. A.,
t. 32, p. 519, v° *Nom.*)

[2] Dalloz, *Jurisprudence générale*, v° *Nom*, § 29. — Un

était trop rigoureuse, et l'excès même de sa sévérité l'eût frappée d'impuissance.

On a été ainsi amené à remplacer les termes primitifs par ceux-ci : « distinctions honorifiques. » En introduisant cet amendement dans le projet, le Corps législatif a prouvé clairement qu'à ses yeux la particule n'était pas un signe nobiliaire, puisqu'il a estimé que l'expression « titres de noblesse » ne la comprenait pas.

Que l'expression définitivement adoptée soit trop vague, qu'elle ait le tort de ne pas distinguer ce qui méritait de l'être, cela est possible, et certains auteurs, plus préoccupés que nous des anciennes traditions nobiliaires, peuvent le regretter. Assurément, il eût été plus clair et plus logique d'inscrire dans la loi deux paragraphes distincts, l'un pour punir l'usurpation des titres de noblesse, et l'autre pour défendre les altérations de noms. Que la peine ait

arrêt de la Cour de Gand, du 12 novembre 1840, a jugé que la loi de fructidor était encore en vigueur.

été la même dans les deux cas, peu importe ! Toute équivoque sur le sens du mot « distinction » aurait ainsi disparu, et le principe posé par la loi du 11 germinal an XI aurait reçu la sanction qui lui manque encore, lorsque la falsification opérée n'a pas un but honorifique [1].

Ce qu'il y a de certain toutefois, c'est que si le texte de l'article 259 du Code pénal pèche un peu par l'obscurité, son esprit est resté fidèle aux règles séculaires qui régissent la noblesse en France, et que personne ne s'est mépris, au Corps législatif ou au Sénat, sur l'inanité légale de la particule comme signe nobiliaire.

---

[1] La loi du 11 germinal an XI défend de changer ou d'altérer son nom patronymique, mais elle ne renferme aucune peine contre les contrevenants. Ses prohibitions sont donc illusoires, et l'état civil des familles reste exposé à toutes les altérations dont le caprice peut s'aviser, pourvu qu'elles ne révèlent pas une prétention nobiliaire.

4.

IV.

La conséquence pratique est facile à tirer.

La loi ne disant pas : « Tous les nobles ont le droit de porter la particule, » mais seulement : « Seront punis ceux qui altèrent leurs noms dans une pensée de vanité, » il en résulte que les tribunaux civils, saisis d'une demande en rectification, n'ont pas besoin de rechercher si le demandeur possède légitimement la qualité de *noble*, puisque le *de* qu'il revendique n'est pas une distinction exclusivement réservée à la noblesse. Ils doivent seulement s'assurer que dans les actes de l'état civil, sa famille a constamment porté cette particule, sauf pendant la période révolutionnaire.

De même, les tribunaux correctionnels, chargés de réprimer les changements de noms inspirés par la vanité, quels qu'ils soient, ne doivent pas davantage examiner si l'inculpé est noble ou roturier, s'il a des titres de noblesse ou s'il n'en a pas ; ils doivent seulement rechercher l'intention qui a conseillé l'altération, et, s'ils reconnaissent la fraude, appliquer l'article 259 du Code pénal, sans s'arrêter aux pièces que le prévenu pourrait produire à l'appui de ses prétentions nobiliaires et dont l'examen est réservé au conseil du sceau [1].

La Cour de cassation l'a récemment décidé dans un arrêt dont il importe de

---

[1] On entend bien que ce raisonnement n'est applicable qu'aux cas où la mauvaise foi est manifeste, car c'est elle qui fait la base du délit, qui n'existerait plus, si elle venait à disparaître.

mettre les termes sous les yeux de nos lecteurs.

« Attendu, dit-il, que l'arrêt attaqué a déclaré avec raison qu'il n'avait pas à rechercher si le demandeur était ou non fondé à se rattacher à une origine nobiliaire ; qu'en effet, la disposition de la loi est générale ; qu'elle ne distingue pas entre les personnes ; que, dès que l'altération ou modification du nom a eu lieu, dès qu'elle a été faite en vue de le revêtir du signe d'une distinction honorifique qu'il ne présentait pas par lui-même, dès qu'on a agi ainsi, comme le dit encore l'arrêt, sans bonne foi, le délit existe et devient punissable [1]. »

Et cependant, dans cette espèce, le prévenu soutenait dans les consultations produites à l'appui de sa défense, qu'il ne saurait être interdit à un individu possédant la noblesse de la manifester par un signe dis-

---

[1] Cass., cr. rej., 5 janvier 1861. (D. P. 61, I, 88.)

tinctif ; que la loi de 1858 consacrait précisément ce droit, et que, dans tous les
cas, il n'y avait pas là une usurpation punissable par la loi pénale. Le tribunal cor-
rectionnel et la Cour impériale lui appli-
quèrent l'article 259, en disant qu'il n'y
avait pas à confondre la question de noblesse et la question d'altération ; que sa
qualité, fût-elle prouvée, ne légitimerait
pas l'usage fait sans droit par lui d'un nom
qui ne lui appartenait pas ou qui avait cessé
de lui appartenir et la Cour suprême a con-
firmé cette décision que personne n'a cri-
tiquée.

Appliquons maintenant ces conséquences
aux espèces les plus fréquentes.

Deux cas se présentent le plus souvent :
ou le demandeur revendique la simple adjonction du *de*, ou il sollicite celle d'un
nom de terre précédé de la particule.

La première question à examiner est
celle de la compétence des tribunaux civils, car cette question se rattache étroite-

ment à celle que nous cherchons à résoudre, c'est-à-dire à la valeur légale de la particule comme signe nobiliaire.

En effet, si la particule est un attribut de la noblesse, les tribunaux civils sont incompétents pour statuer sur les demandes qui tendent à en obtenir le rétablissement devant un nom patronymique, puisque l'examen des requêtes en collocation ou en reconnaissance de noblesse est réservé au Conseil du sceau des titres.

Si, au contraire, elle n'est qu'une simple annexe du nom, dépourvue de caractère honorifique, les tribunaux peuvent ordonner, par voie de rectification, qu'elle sera ajoutée au nom de la famille, lorsqu'ils jugeront la possession suffisante.

La jurisprudence s'est partagée sur ce point : tandis que la plupart des Cours admettent la compétence des tribunaux civils, quelques autres, en petit nombre, il est vrai, soutiennent que les demandes en addition de la particule, soit isolée, soit accompagnée d'un nom de terre, doivent échapper à la juridiction ordinaire pour être exclusivement réservées au Conseil du sceau [1].

Il ne me paraît pas douteux que la première de ces opinions doive être préférée, et qu'elle soit seule conforme aux règles du droit civil.

En principe, personne ne nie que la

---

[1] V. en faveur de la compétence des tribunaux, les arrêts d'Agen, 28 décembre 1857 (D. P. 59, 2, 89) ; Pau, 15 novembre 1858 (D. P. 59, 2, 92) ; Limoges, 20 décembre 1858 (D. P. 59, 2, 152) ; Bordeaux, 22 août 1859 (Sirey, 1860, 2, 33) ; Colmar, 15 mai 1860 (D. P. 60, 2, 142) ; Nîmes, 10 juin 1860 (D. P. 62, 2, 19) ; Agen, 26 juin 1860 (D. P. 60, 2, 141) ; Metz, 31 juillet 1860 (D. P. 60, 2, 140) ; Bordeaux, 14 janvier et 4 février 1861 (D. P. 62, 2, 21) ; trib. de Metz, 9 février 1861 (*Gazette des tribunaux* du 1er mars 1861) ; — ce jugement a été réformé, mais pour un autre motif ;—et implicitement un arrêt de la Cour de Cassation du 5 novembre 1860 (D. P. 60, 1, 489).

Contre la compétence, les arrêts de Douai, 10 août 1852 (D. P. 53, 2, 227) ; Nîmes, 9 août 1860 ; et Agen, 28 août 1860 (Sirey, 1861, 2, 276).

compétence des tribunaux civils soit li-
mitée à ces deux cas parfaitement carac-
térisés : celui d'une contestation entre
deux particuliers ou deux familles sur la
possession exclusive d'un nom patronymique, et celui d'une demande en rectification d'actes de l'état civil.

Sur le premier point, il est généralement admis que le nom patronymique est
une propriété susceptible comme toute
autre de revendication, et que cette revendication est régulièrement exercée devant les tribunaux [1]. Cela doit s'entendre
également de la revendication d'une qualification honorifique, lorsqu'elle fait partie
du nom de famille. La Cour de Paris l'a
décidé ainsi le 10 juin 1859 dans l'affaire
du duc de Brancas, et il ne paraît pas que

---

[1] V. arrêt du parlement de Paris, 1er février 1781,
(*Répertoire* de Merlin, v° *Nom*, § 3, n° 6) ; Paris, 7 germinal an XII (Dalloz, *Rec. alphab.* 10, 419) ; Nîmes, 15
décembre 1810, *id.* 10, 418 ; Cassation, 16 mars 1841
(D. P. 41, 1, 210).

cette solution soit sérieusement contestée.

Sur le second point, la difficulté n'est pas plus grande. Il suffit pour la résoudre d'établir une distinction.

Si le demandeur prétend à la noblesse, s'il revendique la propriété d'un *titre nobiliaire*, si sa requête a pour but de faire *reconnaitre* ses droits à une distinction honorifique, assurément les tribunaux sont incompétents, car le souverain s'est réservé l'examen des questions de cette nature, qui doivent être soumises à une commission spéciale instituée par lui dans un intérêt d'ordre public. Les tribunaux saisis d'une demande en rectification d'un acte de l'état civil ne statuent, en effet, que sur une question de fait qui peut se poser ainsi : le demandeur a-t-il la possession de tel ou tel titre, de telle ou telle qualification honorifique ?

Si, au contraire, la demande n'a pour objet que de résoudre cette question de possession ; si elle se borne à requérir l'inscription dans les actes de l'état civil d'un nom ou même d'un titre qui avait été omis par erreur dans ces actes, bien que la famille le possédât depuis longtemps, les tribunaux sont compétents, car le Conseil du sceau ne statue pas sur les questions soulevées par la rédaction des actes de l'état civil. Il ne s'agit pas, dans ce cas, d'attribuer au requérant la propriété irrévocable du nom ou du titre qu'il revendique, il ne s'agit que de constater une omission et de la réparer. La juridiction civile ne crée pas alors un droit, elle ne confère pas une qualité, elle ne fait que déclarer l'état préexistant, que constater la possession de la famille; elle fait disparaître une altération causée par l'ignorance, l'oubli, ou la crainte exagérée des lois révolutionnaires ; elle n'empiète pas sur les droits du souverain, à qui seul il appartient de donner ou de confirmer des distinctions honorifiques.

L'arrêt rendu par la Cour impériale de

Rouen, le 18 mars 1861, me paraît avoir
très-clairement posé cette distinction :

« Attendu, dit-il, que s'il résulte des
dispositions de la loi du 28 mai 1858 et des
documents officiels qui l'ont élucidée, qu'il
est permis d'obtenir des tribunaux ordinaires, par voie de rectification des actes
de l'état civil, le rétablissement d'un titre
nobiliaire qui y aurait été omis par erreur,
ce ne peut être que dans le cas où ces tribunaux n'ont, pour réparer cette omission,
qu'à constater et à reconnaître des faits ou
des titres qui ne peuvent donner lieu à aucune contestation *parce qu'alors ils ne créent
pas un droit...*; mais que cette compétence,
qui doit être soigneusement restreinte,
cesse de leur appartenir, si, comme dans
l'espèce, pour arriver à la rectification de-
mandée, il faut examiner et juger des questions de transmission valable des titres de
noblesse, de dévolution régulière de ces
titres d'une branche à l'autre de la famille;
que ces questions sont du ressort exclusif

de la commission du sceau des titres rétablie par le décret du 8 janvier 1859; qu'en conséquence, quelle que soit la puissance des faits de possession et des titres que fait valoir L. d'E., et quelle que soit la faveur qui s'y· attache, les tribunaux ordinaires ne sont pas compétents pour ordonner une rectification qui les obligerait à apprécier des questions de transmission et de dévolution de titres, dont la solution n'appartient pas au pouvoir judiciaire, etc. [1] »

Or, ces questions ne peuvent être soulevées par une demande en rétablissement de la particule. Celle-ci n'a d'ailleurs, aux yeux de la loi, aucun caractère nobiliaire ; elle ne préjuge pas même la noblesse, et il est inutile de fournir la preuve d'une origine noble pour en revendiquer. la pos-

---

[1] Arrêt de Rouen, du 18 mars 1861 (Dalloz, *Périod.* 1862, 2, 18). La Cour de Nîmes a rendu le 6 mai suivant un arrêt dans le même sens.

session. Le plus humble villageois (les anciens disaient *vilain*), le roturier le plus notoire y a droit, si son nom a été écrit avec un *de* séparé dans les premiers actes de la famille. Les tribunaux qui, seuls, ont juridiction sur les officiers de l'état civil et sur leurs registres, qui seuls ont le droit d'y faire opérer des rectifications, dont la mission est de protéger et de reconnaître l'état civil, la filiation et la possession des familles, sont donc seuls compétents pour statuer sur de semblables demandes, dont l'admission ne saurait porter atteinte aux prérogatives du souverain, puisque celui-ci s'est réservé seulement l'examen des questions de noblesse. Leur décision ne résout enfin qu'un point de *fait*, comme le remarque fort bien la Cour de Metz dans son arrêt du 31 juillet 1860 ; elle ne préjuge pas ce qui peut être plus tard décidé sur le *droit* par le Prince ou le Conseil du sceau, si l'on se pourvoit devant cette haute juridiction, qui apprécie comme elle l'en-

tend l'influence du fait sur le droit. La
compétence des tribunaux ordinaires ne
saurait par conséquent être douteuse, et
les défenseurs de la particule eux-mêmes,
ceux qui lui attribuent le plus résolument
un caractère nobiliaire, ne peuvent méconnaître cette compétence, puisque le jugement du tribunal qui se borne à constater la possession de la particule par une
famille n'interdirait pas au Conseil du sceau
d'en dénier plus tard la propriété à cette
famille, si, par extraordinaire, une disposition législative érigeait le *de* en signe distinctif de la noblesse.

Qu'on me permette de citer encore à
l'appui de cette opinion les motifs exprimés
par la Cour de Bordeaux dans son arrêt du
14 janvier 1861 :

« Attendu, dit cet arrêt, que les appelants demandaient aux premiers juges la
rectification de leurs actes de naissance
sous la date du 12 février 1806 et 2 juillet
1808, sur le motif que leur père y était

désigné par erreur sous les noms de *Pierre
Joly-Bonneau*, tandis que le nom *Bonneau*
devait, conformément aux actes de famille
par eux produits, être précédé de la particule *de*, et écrit *de Bonneau* ; qu'aux
termes des articles 99 du Code Napoléon et
855 et suivants du Code de procédure civile, le tribunal de La Réole était parfaitement compétent pour statuer sur cette demande ; qu'il ne s'agissait pas, en effet,
comme l'a supposé le tribunal, de la collation ou de la reconnaissance d'une qualification nobiliaire, la particule *de*, pas plus
que les particules *du* ou *des*, n'étant pas
nécessairement et par elle-même indicative
de la noblesse, et étant souvent empruntée
de la possession d'une terre non seigneu-
riale ; qu'il s'agissait uniquement de vérifier, au vu des actes produits, si la particule *de* était ou non partie intégrante du
nom patronymique des demandeurs, et
qu'il importait peu que, dans leur requête,
ils attribuassent à cette particule une si-

gnification qu'elle n'a pas ; attendu, au fond, que le père des appelants, etc. »

Cela dit sur la question de compétence, il importe de rechercher maintenant les éléments sur lesquels doivent se baser les décisions des tribunaux.

Il a toujours été admis, sous l'ancienne comme sous la nouvelle législation, qu'un père ne pouvait régulièrement transmettre à ses enfants que le nom qu'il avait lui-même le droit de porter, et que ce nom ne pouvait être modifié qu'avec l'agrément du souverain.

Mais depuis longtemps l'usage s'est introduit dans certaines familles de faire suivre leur nom patronymique de celui d'un fief, d'une terre, d'une habitation ou d'une seigneurie, et cet usage, adopté d'abord par la plupart des gentilshommes, s'est promptement propagé parmi les bourgeois et les simples roturiers qui venaient à acquérir des fiefs. A la fin du dernier siècle,

un grand nombre de familles appartenant
à la robe ou à la bourgeoisie avaient ajouté

leur nom originaire celui d'une terre,
d'un domaine ou d'une métairie qui leur
appartenait et qui n'avait cependant aucun
privilége féodal ou nobiliaire [1].

« Sous prétexte que les gentilshommes
de France, dit Loyseau dans son *Traité des
Ordres*, ch. XI, ont pris un titre d'honneur
de leurs seigneuries (chose que ny les
Grecs, ny les Romains n'ont fait, comme j'ay
dit ailleurs), ils se sont tant pleu à ce titre,
qu'on ne les cognoist plus par autre nom ;
et eux-mesmes en leurs missives n'en si-
gnent point d'autre : voire la pluspart le
prennent ès contracts publics et ès actes
de justice, laissant tout-à-fait le nom de

---

[1] Cette habitude s'était tellement universalisée qu'elle
a franchi nos frontières. En Italie, en Allemagne, en
Russie, en Belgique, on croit faire preuve d'urbanité
en ajoutant une particule au nom, quel qu'il soit, d'un
français, et l'on dit sans rire M. *de* Charpentier, M. *de*
Colin, M. *de* Bertrand.

leurs pères ancestres, pour prendre celuy de leurs terres, jusques-là qu'aucuns prennent à mespris quand on les appelle du nom de leurs pères. »

L'édit d'Amboise de 1555 et l'ordonnance de 1629 avaient bien tenté de réformer cet abus, en exigeant que les *gentilshommès* (ils ne s'appliquaient pas aux autres), signassent tous les actes de leur nom patronymique et non de celui de leur seigneurie ; mais, comme je l'ai déjà dit, l'usage fut plus fort que la loi, et l'abus se maintint sans obstacle [1].

La jurisprudence moderne a reconnu cet usage, et, sans exhumer du vieil arsenal de notre législation des armes depuis long-

---

[1] Il y avait cependant des cas où l'acquisition d'une terre donnait à l'acquéreur le droit d'en prendre le nom. Ainsi la déclaration royale du 3 avril 1696, qui autorisait les possesseurs de biens en roture dans les directes du Roi à acquérir ces directes à titre d'inféodation, les autorisait également à porter le nom de la terre.

temps rouillées, elle a consacré le droit, pour celui dont la famille a anciennement ajouté à son nom patronymique un nom de terre, de conserver ce dernier nom, quand il en a depuis un temps reculé la possession constante, publique, non équivoque et non interrompue [1].

L'ancienneté, la publicité, la continuité, tels sont les caractères indispensables de cette possession, sans laquelle on ne saurait revendiquer le droit d'ajouter un nom de terre ou même la simple particule au nom qui distinguait autrefois la famille. La jurisprudence, sur ce point, a toujours été unanime, soit avant, soit depuis la loi de 1858, et en cela elle a fait preuve d'une incontestable équité [2]. Le temps, en effet, est le grand maître en cette matière, et,

---

[1] V. Cour de Nîmes, 7 juillet 1829 (Sirey, t. IX, 2, 293); Cassation, 14 novembre 1832 (Sirey, 1833, 1, 324); *id.* 15 décembre 1845 (Sirey, 1846, 1, 81).

[2] V. conseil d'État, 23 décembre 1815 (Sirey, t. V, 2, 83) ; Montpellier, 29 mai 1855 (D. P. 57, 2, 65).

quoiqu'un nom ne soit pas susceptible de prescription, quoique les lois anciennes aient proscrit tout changement ou toute addition de nom sans l'autorisation royale, il serait inique de ne point tenir compte d'une possession prolongée qui remonte quelquefois à deux ou trois siècles. Où irait-on si l'on voulait percer jusqu'à l'origine de chaque nom? Quelle perturbation jetterait-on dans les familles si l'on venait à leur contester le droit de porter un nom dont elles font exclusivement usage depuis 1700? Que dirions-nous si l'on forçait les descendants du fameux intendant *Caumartin* à s'appeler *Lefèvre*, ou si la famille du *P. de Ravignan* devait reprendre le nom oublié de *Delacroix?* Ces surnoms connus, illustrés souvent dans les lettres, dans les armes, dans l'administration, sont devenus le patrimoine de la postérité ; et l'on bouleverserait l'état civil, au lieu de le rendre uniforme, si l'on devait les proscrire comme une coupable usurpation.

Le premier élément de décision pour les tribunaux, c'est donc la possession. Mais quelle sera la durée de cette possession ? J'entends qu'elle doit être ancienne, mais de combien ? Faudra-t-il compter par années ou par siècles ? Y aura-t-il une limite fatale en-deçà de laquelle toute possession sera illusoire et inutile ? Non : les tribunaux n'ont pas de règle absolue en pareille matière ; il est bien clair qu'il ne saurait y en avoir et que le juge doit apprécier la durée de la possession selon ses lumières et sa conscience. Cependant on convient généralement que cette possession doit être *au moins* antérieure à 1789, et c'est ce que décide implicitement l'arrêt suivant de la Cour de cassation.

M. de la Roche assigna, en 1858, M. Durieu de Lacarelle devant le tribunal de Villefranche pour qu'il lui fût fait défense de porter désormais le nom *de Lacarelle* auquel le demandeur prétendait avoir un droit exclusif, parce que ce nom était celui d'une terre apportée en 1790 par sa mère dans sa famille. M. Durieu résista en contestant à M. de la Roche le droit de porter lui-même ce nom. Le tribunal de Villefranche accueillit la prétention de M. de la Roche ; mais sur appel la Cour de Lyon réforma le jugement et déclara la demande mal fondée.

La Cour de cassation, saisie par le pourvoi de M. de la Roche, statua ainsi, le 15 janvier 1861 : « Attendu que, si un usage contraire aux ordonnances de 1555 et de 1629 s'était introduit, sous le régime antérieur à 1789, de joindre aux noms de famille les noms des terres nobles ou des fiefs, cet usage a perdu sa raison d'être lorsque, par l'abolition de la féodalité décrétée le 4 août 1789, la distinction des terres nobles et des terres non nobles a été supprimée, ainsi que tous droits et priviléges attachés aux fiefs, également supprimés ; que dès lors, en décidant que J. M. de la Roche n'a pu, soit lors de son mariage du mois de février 1790, soit lors de l'acte de naissance de son fils du 11 juillet 1791, prendre le nom de la terre noble de Lacarelle qui avait été apportée en dot par son épouse, l'arrêt attaqué n'a violé aucune loi [1]..... »

Dans une autre espèce, et par application des mêmes principes, la Cour suprême a décidé « qu'un particulier n'est point fondé à demander que, dans les actes de l'état civil qui l'intéressent, il soit ajouté à son nom patronymique un nom de terre qui a été porté par quelques-uns de ses auteurs, s'il est établi que la possession de ce nom n'a été qu'accidentelle et intermittente, et qu'un tel nom n'a été pour les ancêtres du demandeur qu'un titre ou une distinction honorifique qu'ils n'entendaient ni substituer, ni incorporer à leur nom d'origine [2]. »

[1] Arrêt du 15 janvier 1861 (D. P. 61, 1, 176). V. également l'arrêt du 10 mars 1862 (D. P. 62, 1, 219). On peut rapprocher de ces décisions celle de la Cour de Paris, en date du 22 février 1861 (D. P. 61, 2, 49).

[2] Arrêt du 17 décembre 1860 (D. P. 64, 1, 178).

Ainsi, pour étayer l'usage dont nous parlions tout à l'heure, il faut une possession ancienne, publique, acceptée par tous et régulièrement constatée ; il faut non-seulement que plusieurs membres de la même famille aient ajouté à leur nom patronymique celui de la terre qu'ils possédaient, mais encore que cette addition n'ait pas été *intermittente* ou *accidentelle* ; il faut enfin qu'ils aient manifesté clairement l'intention d'incorporer cette qualification à leur nom d'origine, d'en faire le complément invariable de la désignation générique, et non pas seulement un surnom individuel. Prenons un exemple : Pierre Lemuet descend d'une famille qui posséda pendant un siècle ou deux la terre de Mareuil. Ses ancêtres se sont constamment qualifiés du titre de seigneur de Mareuil, mais ils n'ont pas accolé ce dernier nom à celui de Lemuet. Les actes publics ou privés de la famille n'indiquent pas qu'en prenant ce titre, ils aient eu l'intention d'opérer une adjonction irrévocable à leur nom. La qualification qu'ils se donnaient constatait seulement le fait de leur propriété : ils se disaient sieurs de Mareuil, parce qu'ils possédaient la terre de Mareuil ; si ce fief eût cessé de leur appartenir, ils auraient supprimé une dénomination qui aurait perdu sa raison d'exister. C'est là une possession accidentelle qui ne saurait servir de base à une demande en rectification. Le nom patronymique n'a pas cessé d'être Lemuet ; à aucun moment il ne fut Lemuet de Mareuil.

Remarquez qu'ici, la noblesse du demandeur n'est pas en cause ; il ne s'agit pas de savoir si, à tort ou à raison, il prétend être noble, mais s'il prouve que tel ou tel nom a été anciennement ajouté à celui de sa famille, et si ce nom a été constamment porté par ses auteurs. La question de possession est seule soulevée : s'il établit la publicité et la non-interruption de cette possession, sa demande doit être accueillie ;

sinon, elle doit être rejetée, bien qu'il prouve sa noblesse.

Une conséquence logique de cette jurisprudence, c'est que le nom d'une même terre peut être légitimement revendiqué par deux familles étrangères l'une à l'autre et sans aucun lien d'affinité. En effet, vos ancêtres ont pu posséder il y a deux cents ans la terre de Lanty, et en prendre le nom que leurs descendants n'ont point perdu depuis ; les acquéreurs de cette terre, vendue par vos auteurs il y a cent cinquante ans, en ont également pris le nom et l'ont légué à leur postérité. Des deux côtés, il y a une possession constante, antique, non équivoque, régulièrement établie ; avez-vous qualité pour contester aux héritiers de ces acquéreurs le droit d'ajouter à leur nom patronymique celui de Lanty que vous portez vous-même ? Nullement. Vous avez les uns et les autres une possession identique, fondée sur la même cause, issue de la même origine, revêtue

des mêmes caractères, dont vous vous pré-
valez également ; le juge est tenu de l'apprécier sans doute, mais dès qu'elle lui
aura paru suffisante chez le défendeur, il
devra rejeter votre demande parce que
vous n'avez pas un droit privatif au nom que
vous possédez.

Le Conseil d'État a parfaitement déduit
cette conséquence en décidant que le chef
de l'État peut autoriser un particulier à
ajouter à son nom patronymique un surnom
dont la possession incontestée remonte à
une époque antérieure à 1789, lors même
que ce surnom est porté par d'autres personnes [1]. Et il avait précédemment décidé
que l'autorisation accordée par le gouvernement à l'une des branches d'une famille,
de prendre un nom que l'auteur commun
avait ajouté à son nom patronymique, ne
fait pas obstacle à ce que la même autori-

---

[1] V. arrêt du conseil d'État du 16 août 1860 (D. P.
1861).

sation soit ultérieurement accordée aux représentants d'une autre branche [1].

Comment se prouve la possession d'un nom ? Par les moyens de preuve usités dans le droit civil. Les actes de naissance, de mariage et de décès, sont cependant les titres les plus autorisés et ceux dont la production est le plus nécessaire devant un tribunal. Il est vrai qu'avant 1789, ces actes, rédigés par les curés et les desservants des paroisses, n'avaient aucun caractère d'authenticité, excepté en ce qui touchait à la filiation, et qu'il était loisible à chacun d'y prendre les titres et les qualités qui lui convenaient, sans enfreindre aucune loi et sans redouter aucune pénalité. Mais il n'en est plus de même aujourd'hui : le Code Napoléon a attaché à ces actes un caractère de solennité que les tribunaux

---

[1] V. arrêt du conseil d'État du 10 avril 1860 (D. P. 60, 3, 57).

ne sauraient méconnaître, et si leur teneur ne fait foi jusqu'à inscription de faux que des faits constatés *de visu* ou *de auditu* par l'officier de l'état civil, il faut dire, surtout depuis les prohibitions de la loi de 1858, que les énonciations de ces actes ont, en ce qui concerne les qualités civiles des parties comparantes, une authenticité presque égale. D'ailleurs, s'ils ne prouvent pas la propriété, ils établissent au moins la possession, et, je l'ai déjà dit, en matière de rectification d'actes de l'état civil, c'est la possession qui forme l'élément principal de la décision des juges.

Les principes qui viennent d'être posés à l'égard des surnoms tirés de fiefs ou de seigneuries, s'appliquent également, il est à peine besoin de le répéter, à la simple particule. Constater l'orthographe des noms et la possession des familles, voilà toute la mission des tribunaux : la loi ne les charge pas d'apprécier le caractère plus ou moins honorifique d'un nom ou d'une particule. Qu'importe si le nombre des rectifications augmente, si la recherche du *de* grandit, si la race du bourgeois-gentilhomme se multiplie? La justice ne fait pas le droit, elle l'applique ; elle ne réglemente point les mœurs, elle les protége. Elle reste insensible aux préjugés de la foule et aux plaintes hypocrites de la vanité. Combien de prétendus nobles qui ne tiendraient plus au *de*, s'il appartenait à tout le monde!

Mais il est bien entendu que là où il n'y a eu ni omission ni erreur, il ne peut y avoir rectification. Il faut qu'une faute quelconque ait altéré le nom dont on demande le changement ; il faut que le tribunal acquière la certitude que le véritable nom de la famille, le nom patronymique, le nom traditionnel, a subi, par une cause ou par une autre, une modification illégitime, pour qu'il puisse la réparer. Si la particule que l'on réclame n'a pas été possédée par la famille dans les conditions indiquées plus haut, la compétence des tribunaux cesse, et le demandeur doit s'adresser, non point au Conseil du sceau, qui ne statue que sur les questions nobiliaires, mais au souverain lui-même, comme s'il sollicitait l'autorisation d'ajouter à son nom celui de Pierre, de Benoît ou de Thomas.

Qu'arriverait-il si les actes de l'état civil, contradictoires entre eux, établissaient deux possessions, deux traditions également constantes, également respectables? Les tribunaux devraient s'arrêter à la dernière, à la plus récente, car il est évidemment dans l'esprit de la loi de maintenir le nom sous lequel le réclamant et ses auteurs immédiats sont connus. Si l'on prétend rétablir une qualification délaissée depuis plusieurs siècles, la réclamation ne peut être compétemment formée que devant l'autorité appelée à statuer sur les changements de noms, car le rétablissement d'une dénomination tombée en désuétude équivaut, aux yeux des contemporains, à l'adoption d'un nom nouveau[1]. « Les tribunaux, disait le rapporteur de la loi de 1858, puisent le droit ou la vérité dans l'ensemble des actes qui constatent *la situation de la famille.* » Or, qu'est-ce que cette situation, sinon celle qui résulte de la possession actuelle, de l'habitude, d'un usage invétéré et permanent? Il est aujourd'hui peu de familles qui portent le nom qu'elles possédaient il y a deux ou trois cents ans ; si ce nom n'a pas été complètement changé, l'orthographe en a été plus ou moins modifiée. Les tribunaux ne peuvent faire l'œuvre d'un paléographe ; ils ne doivent point rechercher exclusivement le nom originaire de chacun, car cette recherche, si difficile d'ailleurs, détruirait toute possession, et l'on verrait bientôt de la poussière des archives, remuée par la vanité

---

[1] Sic : Montpellier, 29 mai 1855 (D. P. 57, 2, 65) ; Agen, 28 décembre 1857 (D. P. 59, 2, 90).

particulière, surgir une foule de dénominations étranges, inconnues, qui jetteraient
le trouble dans les généalogies les plus
claires, les moins équivoques, les mieux
établies [1].

---

[1] Sic : Cassation, ch. des requêtes, 25 mars 1862.

V.

Résumons cette discussion.

J'espère avoir prouvé que la particule n'est point un attribut de la noblesse, et qu'elle a été regardée à tort par le public comme une distinction honorifique. J'espère avoir démontré que cette erreur est toute récente, que jamais elle n'a été consacrée par notre législation, et que, si la loi de 1858 a puni l'usurpation de cette petite syllabe comme celle d'un titre nobiliaire, c'est uniquement dans le but de protéger les actes de l'état civil et d'atteindre toutes les altérations commises par la fraude et

la vanité. J'espère avoir également établi
que plusieurs tribunaux, en attribuant au
de un caractère honorifique, et en exigeant, avant de l'inscrire dans un acte de
l'état civil, la preuve de la noblesse du demandeur [1], se sont mépris sur le sens véritable de la loi nouvelle, et ont violé sans
s'en douter les règles de leur compétence.
La plupart des Cours de l'Empire n'est pas
heureusement entrée dans cette voie ouverte par les préjugés populaires, et il y a
tout lieu de croire que, grâce à la jurisprudence, le temps n'est peut-être pas
éloigné où la particule, multipliée par les
rectifications, cessera d'être, même dans
l'opinion, un signe distinctif [2]. Je n'en

---

[1] Agen, 23 décembre 1857 (D. P. 59, 2, 89) ; Aix,
25 décembre 1859 (D. P. 59, 2, 93).

[2] On peut lire sur cette question l'article publié par
M. de Valroger dans la *Revue critique de législation*,
février 1861 ; celui de M. Achille Morin dans le *Journal
de Droit criminel* de la même année ; le discours pro-
noncé à la rentrée de la Cour d'Agen, en 1860, par
M. le procureur général Léo Dupré, et reproduit par

veux précisément pour preuve que les nombreuses additions du *de* dont nous avons été témoins depuis quatre ans. On ne recherche plus ce qui devient vulgaire.

Mais, dira-t-on, 'si la particule n'a aucune valeur honorifique, quel sera le signe de la simple noblesse ? A quel indice

la *Gazette des Tribunaux* du 27 décembre 1860 ; la *Lettre d'un Paysan gentilhomme* sur la loi de 1858, par M. Ch. de Chergé, Poitiers, 1860 ; *la Noblesse française en* 1861, par un maire de village (M. le marquis de Belbeuf), Paris, Lahure, 1861 ; *l'Hérédité et la Noblesse*, par M. Ch. de Tourtoulon, Paris, Aubry, 1862 ; *la Fausse Noblesse en France*, par M. Biston, Aubry, 1861 ; *la Noblesse française en* 1858, par Soubdès, Condom, 1858 ; *de la Noblesse et de l'Application de la loi contre les usurpations nobiliaires*, par M. Pol de Courcy, Paris, Aubry, 1859 ; *de la Noblesse graduelle*, par M. de Neyremand, Colmar, 1860 ; *de la Noblesse au XIX° siècle*, par M. Ed. de Barthélemy, Paris, 1857 ; *de l'Aristocratie au XIX° siècle*, par M. A. de Barthélemy, Paris, 1859 ; *des Usurpations de titres nobiliaires*, par le vicomte R. d'E..., Paris, 1858 ; *la Noblesse flamande de France en présence de l'art.* 259 *du Code pénal*, par Baecker, Paris, 1859 ; *de la Particule dite nobiliaire*, par M. Paulin Parîs, Paris, Techener, 1862 ; etc.

pourra-t-on la reconnaître, non pas dans le monde, où la tolérance est grande, mais dans les titres authentiques, dans les actes de l'état civil? Car enfin, si la loi protége ouvertement tout ce qui représente le prix du mérite et l'honneur des familles, si elle a voulu rendre aux distinctions publiques le prestige qui n'appartient qu'à la vérité, il faut que ces distinctions soient connues, déterminées; il faut qu'on ne puisse ni les contester, ni les envahir.

L'ancienne France avait un adage qui a été rappelé au début de cette étude : *Pas de noblesse sans titre.* Cette maxime est encore vraie de nos jours, puisqu'on n'a donné aucune base nouvelle aux institutions nobiliaires.

Un honorable sénateur, M. le marquis de la Grange, en reconnaissait si bien la vérité, que dans une brochure publiée peu de temps avant la loi de 1858, il proposait au Gouvernement de n'attribuer la noblesse qu'aux familles titrées, c'est-à-dire, comme

6.

il faut respecter les droits acquis, de conférer un titre à toutes celles d'origine noble qui n'en portaient pas [1].

De son côté, le spirituel auteur de la *Noblesse française en* 1861, tout en établissant, au début de son intéressante étude, que la seule qualité de la simple noblesse dans les temps anciens et jusqu'à la fin du XVIIe siècle était la qualité d'*écuyer*, exprime le désir que l'on concède les titres de *baron* et de *vicomte* aux personnes qui portaient légalement celui de chevalier ou d'écuyer avant 1789.

Cette mesure serait excellente, en tant qu'elle consacrerait des droits respectables, aujourd'hui méconnus ou méprisés, mais n'en léserait-elle pas d'autres non moins légitimes, en avilissant des titres dont la valeur principale repose aujourd'hui dans le petit nombre de ceux qui les possèdent ?

---

[1] *De la Noblesse comme institution impériale,* par M. le marquis de la Grange. Paris, 1857.

Clarus honor vilescit in turbâ, dit saint Jérôme. D'ailleurs, elle supprimerait un titre, celui de chevalier, dont l'existence est aujourd'hui reconnue par le Conseil du sceau, et qui se fonde non-seulement sur les usages de l'ancienne France, mais sur la législation impériale.

Cette mesure serait en outre inutile, car aujourd'hui, comme autrefois, il est vrai de dire que toute famille noble possède un titre..

L'article 71 de la Charte de 1814 est ainsi conçu : « La noblesse ancienne reprend *ses titres*. La nouvelle conserve *les siens*. » Cet article n'est pas abrogé. Entend-il seulement par *titres* ceux de duc, de comte, de marquis ou de baron ? Non, car l'ancienne et la nouvelle noblesse comptaient des membres qui n'étaient ni ducs, ni comtes, ni barons, ni marquis. Ils étaient nombreux dans l'ancien droit, où certains grades et certains offices anoblissaient ; ils s'étaient multipliés dans le nouveau par la délivrance des diplômes de chevalerie sous le premier empire et des lettres de noblesse depuis.

Il y avait donc une qualité affectée spécialement aux personnes qui n'étaient point revêtues d'un *titre de dignité ;* dans l'ancienne monarchie, cette qualité était celle de *noble* ou d'*écuyer* [1]. Employé pour la première fois dans ce sens à la fin du XIII° siècle *(scutifer, armiger)*, le titre d'écuyer appartint exclusivement aux anciens gentilshommes jusqu'au commencement du XV° siècle, et depuis cette époque, il caractérisa la simple noblesse [2]. Il était uniformément porté par elle en 1789, au mo-

---

[1] « C'est une erreur de dire que le titre de noble est différent de celui d'écuyer, » observe la Roque dans son *Traité de la Noblesse,* p. 326. Il est vrai qu'il semble soutenir plus haut que la qualité de *noble* était autrefois supérieure à celle d'*écuyer*, mais il reconnaît qu'à son époque elles se confondaient ensemble.

[2] V. Dom Pelletier, cité dans le *Héraut d'armes* du 1er janvier 1862, et le règlement sur les qualités de messire, chevalier et écuyer, du 13 août 1663, dans le *Journal des Audiences du parlement de Paris,* t. II, p. 540.

ment de la convocation des États généraux.

Aurait-on le droit de le reprendre aujourd'hui? Sans aucun doute, puisque les lois abolitives de la noblesse ont été abrogées. On peut dire de cette qualité ce que Merlin, malgré son antipathie pour les institutions nobiliaires, disait des surnoms qui font aujourd'hui notre gloire et notre orgueil : « Ils forment le patrimoine le plus précieux de chaque famille ; c'est une espèce de cachet imprimé sur chacune d'elles : le père le transmet au fils par une espèce de substitution ; c'est, de tous les biens, celui qui est le moins dans le commerce ; il est également défendu de l'aliéner et de l'envahir [1]. » Elle est imprescriptible comme la noblesse elle-même ; il ne s'agit que de faire reconnaître son droit pour la porter.

[1] Merlin, *Répertoire de jurisprudence*, v° *Nom*, § 2. n° 1. — Il est peut-être curieux de remarquer qu'avant 1789, le républicain Merlin portait fort bien le titre d'*écuyer*. Il se qualifiait ainsi dans le *Répertoire* de Guyot, où il écrivait des articles.

J'entends bien les plaisanteries faciles que la résurrection d'un titre suranné provoquerait peut-être au début ; mais elles seraient bien vite réduites au silence si l'usage, ici mieux inspiré qu'à l'égard de la particule, venait à l'adopter de nouveau. Les immortelles railleries de Molière et des satiriques qui l'ont suivi ont-elles empêché quelqu'un d'ajouter à son nom celui d'un marécage ou d'une métairie [1] ?

La véritable question n'est donc pas de savoir si ce titre peut être restauré de nos jours, mais s'il peut figurer dans les actes de l'état civil, qui ne prouvent pas la noblesse, mais qui constatent la situation des

[1] Je sais un paysan qu'on appelait Gros-Pierre,
Qui n'ayant pour tout bien qu'un seul quartier de terre,
Y fit tout à l'entour faire un fossé bourbeux,
Et de Monsieur de l'Isle en prit le nom pompeux.
               (Molière, *École des Femmes.*)
On peut lire aussi Boileau, *Satire* v ; les *Caractères* de la Bruyère, chap. xix, et la curieuse comédie de l'*Écuyer* ou des *Faux Nobles*, par Claveret, 1665, in-12.

familles. Deux arrêts rendus par les Cours de Douai, le 10 août 1852, et de Nîmes, le 9 août 1860, se sont prononcés pour la négative [1].

Si l'on consulte les articles 34, 35 et 57 du Code Napoléon, il semble en effet que l'esprit et le texte de la loi s'y opposent.. « Les actes de l'état civil, dit l'article 34, énonceront l'année, le jour et l'heure où ils seront reçus, les prénoms, noms, âge, profession et domicile de tous ceux qui y seront dénommés.—Les officiers de l'état civil, dit l'article suivant, ne pourront rien insérer dans les actes qu'ils recevront, soit par note, soit par énonciation quelconque, que ce qui doit être déclaré par les comparants. » L'article 57 reproduit ces prescriptions pour les actes de naissance.

Mais il ne faut pas oublier qu'à l'époque de la promulgation des Codes les qualifi-

[1] Dalloz, *Périodique*, 53, 2, 227 et 62, 2, 19.

cations nobiliaires étant abolies, le législateur ne pouvait en autoriser l'usage. Son
silence n'équivaut donc pas à une exclusion.
Le rétablissement de la noblesse en 1808
et en 1814 a modifié la loi en modifiant
l'état des personnes. La noblesse ajoute
aux noms, elle communique une qualité
nouvelle. Cette qualité est inhérente à l'individu et dure autant que lui ; bien plus,
elle passe à ses enfants dont elle forme le
plus précieux héritage.

A côté des indications communes à tous,
dont elle exige la mention sur les registres
de l'état civil, la loi a reconnu des indications spéciales qui font également partie intégrante de la personne. Or, elle ne peut en
même temps légitimer ces distinctions et
les proscrire, surtout lorsqu'elles n'ont
rien d'incompatible avec les éléments indispensables des actes de naissance et de
décès. Ces actes doivent renfermer tout ce
qui désigne les citoyens, tout ce qui les
distingue par conséquent entre eux, tout

ce qui peut fidèlement établir leur iden-
tité et leur filiation et rendre les recherches
généalogiques plus faciles. C'est l'esprit du
Code qui veut une désignation complète
des individus, c'est l'esprit de la législation
sur la noblesse qui a pour but de perpétuer
la mémoire des grands services et de conserver intact l'honneur des familles. On l'a
toujours compris ainsi. Dès le 3 juillet 1807,
une circulaire du ministre de la justice re-
commandait aux officiers de l'état civil de
ne pas omettre dans les actes la qualité de
chevalier de la Légion d'honneur qui pourrait appartenir aux comparants. Les auteurs
qui se sont occupés de cette matière ont
tous reconnu que les titres nobiliaires pouvaient être mentionnés sur les registres
tenus dans les mairies [1], et la loi du 28 mai
1858 a consacré elle-même implicitement
cette doctrine en ordonnant que les juge-

[1] V. MM. Rieff, p. 132; Grün, n° 116; Hutteau d'Ori-
gny, p. 42; Dalloz, *Jurisprudence générale*, 2ᵉ édition,
vᵒ *Acte de l'État civil*, n° 180; Demolombe, t. I, p. 465.

7

ments constatant une usurpation de *titres* seraient transcrits à la suite de ces registres.

La jurisprudence s'est également prononcée en faveur de cette opinion. L'arrêt d'Agen, du 28 décembre 1857, déjà cité plusieurs fois, a décidé, sur les conclusions de M. Drême, premier avocat-général, « qu'il est évidemment permis aujourd'hui d'inscrire les titres nobiliaires dans les actes de l'état civil. » Les cours de Colmar et de Metz l'ont ainsi jugé :

« Attendu, dit la dernière dans un arrêt du 31 juillet 1860, que l'article 57 du Code Napoléon n'élève aucun obstacle contre la demande de l'intimé (qui réclamait le titre de marquis) ; qu'à l'époque de la promulgation de ce Code, la mention des qualités honorifiques était contraire à la loi et aux usages, mais que ces qualifications sont devenues licites en vertu du statut du 1er mars 1808, de la Charte de 1814, de la loi du 28 mai 1858 et du décret du 8 janvier 1859 ; qu'elles peuvent

figurer dans un acte de l'état civil, quand
leur énonciation, qui ne fixe point d'ailleurs définitivement le droit nobiliaire, reproduit plus fidèlement le nom de la personne qu'on veut désigner, et rend, dans
l'acte litigieux, ce nom plus semblable à
ce qu'il est dans d'autres actes plus anciens qui doivent lui servir de type et de
modèle [1]... »

On ne saurait opposer à cette doctrine
l'arrêt de la cour de Montpellier, en date
du 8 juillet 1862, qui semble décider que
les tribunaux ne peuvent ordonner l'inscription du titre de marquis dans un acte
de l'état civil. Cet arrêt ne statue en réalité
que sur une question de compétence, et dé-
clare, en fait, que le demandeur n'avait
pas préalablement fait *reconnaître* son titre
par le Conseil du sceau et soumis à cette

---

[1] V. Dalloz, *Périod.*, 60, 2, 140 ; et l'arrêt conforme
de la Cour de Rouen, du 18 mars 1861, cité plus
haut.

juridiction les questions de transmissibilité soulevées par sa demande [1].

Ces deux questions ainsi résolues, la noblesse actuelle, la sérieuse noblesse trouve dans la loi de suffisantes garanties. Il n'est pas même besoin de convertir le public et de dissiper l'erreur étrange dans laquelle il est depuis quelque temps tombé. Du jour où les familles nobles reconnaîtront que la particule ne constitue pas à elle seule une distinction honorifique, mais qu'elles ont droit à un titre spécial, dont l'usage autorisé par l'ancienne législation n'est point interdit par la nouvelle, elles se mettront promptement en règle, et traceront ainsi d'elles-mêmes une infranchissable limite entre le droit et la fraude, entre la vraie et la fausse noblesse. Que faut-il pour cela ? Une seule chose : faire vérifier ses titres ou sa possession. Le Conseil du sceau est

---

[1] V. *Gazette des Tribunaux* du 25 juillet 1862.

chargé de cet examen ; il ne recherche pas la noblesse comme les *commissaires départis* par Louis XIV, mais il statue sur les *demandes en vérification de titres* qui lui sont présentées. Or, la qualité de noble, ou plutôt celle d'écuyer est un titre. Que les familles qui prétendent à une distinction aristocratique lui soumettent les pièces sur lesquelles elles s'appuient pour la revendiquer, non pas seulement les actes récents de leur état civil, qui ne sauraient prouver leur qualité, mais les actes anciens, les partages, les contrats de mariage, d'acquisition, de rente, les testaments, les brevets, les diplômes, les lettres d'anoblissement ou de chevalerie, en un mot toutes les pièces autrefois nécessaires pour faire la preuve de la noblesse devant les juridictions chargées de vérifier les titres. Leur droit ainsi reconnu, rien ne s'opposera à ce qu'elles en usent dans les actes de l'état civil. Il leur suffira de produire une expédition de la décision inter-

venue pour couvrir la responsabité de l'officier municipal et légitimer leurs prétentions. Que, pour plus de sécurité, le Conseil
du sceau fasse dresser sous ses yeux une
table de toutes les familles dont les titres
auront été ainsi vérifiés, et que cette table,
annuellement publiée, soit transmise aux
préfectures de l'empire, qui pourront la
communiquer soit aux intéressés, soit aux
maires, soit aux officiers ministériels.
Qu'elle soit déposée aux greffes des tribunaux, pour éviter les surprises judiciaires.
Que l'on fasse mieux, que l'Almanach impérial, comme cela se pratique en Belgique,
insère la liste de toutes les personnes à
qui des titres auront été concédés, sur l'avis
du Conseil. Bientôt les demandes afflue-
ront ; le travail déjà pénible de cette haute
juridiction pourra bien, il est vrai, s'ac-
croître, mais il se répartira sur plusieurs
années et sera d'ailleurs singulièrement fa-
cilité par l'examen des procès-verbaux des
assemblées de la noblesse en 1789, qui

contiennent une liste complète des gentilshommes de cette époque [1].

[1] Plusieurs écrivains s'occupent en ce moment de
publier ces procès-verbaux dans les provinces. MM. de
la Roque et de Barthélemy annoncent le *Catalogue des
gentilshommes* qui ont pris part ou ont envoyé leur
procuration aux assemblées de la noblesse en 1789.
Ces travaux, faits avec conscience et sincérité, seront
d'une grande utilité pour les recherches historiques et
les recherches nobiliaires.

VI.

Je ne voudrais pas que l'on pût se mé-
prendre sur l'intention et la portée de ce
modeste travail. Il ne s'agit pas, encore
une fois, de restaurer des dénominations
ridicule, dont la vanité viendrait à se
parer, sans profit pour l'ordre, la dignité
morale et l'émulation d'une grande société.
Il ne s'agit pas de consacrer les petitesses
ambitieuses de nos modernes parvenus par
la collation d'un titre, ancien dans l'histoire, nouveau dans les mœurs, qui serait
bientôt recherché avec autant d'empresse-
ment que la particule. Il ne s'agit pas d'é-

voquer les fantômes évanouis de nos épo-
pées féodales et de reproduire gravement
cette scène ridicule où Don Quichotte se
fait armer chevalier. Il ne s'agit pas de reconstituer, au sein de l'égalité moderne,
une pâle imitation du patriciat anglais, à
qui nous pourrions bien emprunter son
titre d'*esquire*, mais non son esprit, ses
richesses, sa stabilité, les robustes et pro-
fondes racines qu'il a jetées dans le respect du peuple et l'affection du pays. Une
aristocratie ne s'improvise pas : c'est
l'œuvre patiente du temps et non le produit hâtif d'un décret. Il ne s'agit pas de
pénétrer dans les familles, d'y exercer des
recherches tracassières et inquisitoriales.
Mais il s'agit de protéger les droits acquis, de mettre les nobles récompenses dé-
cernées au courage et au dévouement à
l'abri des entreprises hardies de la fraude,
de ne plus les abandonner en pâture à l'in
trigue, de réhabiliter, en un mot, ce qui
peut servir de but et de prix à de géné-

7.

reux efforts. C'est la pensée qui a dicté la
loi de 1858 ; c'est pour la mettre en harmonie avec son texte que j'ai osé écrire ces
lignes.

APPENDICE.

—

I.

Au Rédacteur du HÉRAUT D'ARMES [1].

Monsieur,

Vous avez consacré un article du deuxième numéro du *Héraut d'Armes* à l'examen d'une remarquable étude sur les distinctions honorifiques et sur la particule dite nobi-

---

[1] Nous croyons utile de reproduire ici les critiques dont le travail qui précède a été l'objet. Le lecteur remarquera sans peine qu'au fond la thèse de notre savant contradicteur n'est pas très-éloignée de la nôtre,

liaire, que M. Henri Beaune a récemment publiée. Je remarque dans votre article quelques réflexions, les plus justes du monde, sur la valeur exacte, dans le langage nobiliaire, du mot de *Gentilhomme* que M. Beaune ne paraît pas avoir suffisamment différencié d'autres qualifications exclusivement propres à la noblesse non titrée [1].

Ce serait un curieux et utile travail que de faire l'histoire et de suivre, si je puis ainsi parler, la généalogie de ce mot, en remontant à l'époque où il apparaît pour la première fois et en en recherchant peut-être l'origine dans les traditions aristocratiques de la *gens* romaine. — Tel n'est pas mon dessein ; un semblable travail sortirait des bornes d'une lettre ; je veux simplement en indiquer l'importance et je me contente, pour le moment, de vous apporter une preuve assez curieuse à l'appui des réflexions que vous a suggérées sur

---

[1] Cette distinction paraît aujourd'hui clairement ressortir de notre travail.

ce point l'étude de M. Beaune. — Vous avez raison, monsieur, d'affirmer que le gentilhomme n'est pas le simple noble ; c'est quelque chose de plus, c'est un degré dans la noblesse. — Voici quelques documents officiels qui, après avoir clairement établi qu'il existe une différence entre le noble et le gentilhomme, pourront faire connaître la mesure exacte de cette différence et servir ainsi à donner une définition rigoureuse et légale, pour ainsi dire, d'un mot que l'usage, il faut le reconnaître, a souvent détourné de sa véritable acception.

Je transcris mot pour mot la formule employée le plus habituellement par les commissaires vérificateurs des titres de noblesse pour l'entrée des gentilhommes en la chambre de la noblesse aux États généraux de Bourgogne :

« ...A la vue desquels titres, nous avons reconnu que N*** est *bon gentilhomme, non noble simplement*, mais de la qualité requise pour avoir entrée, séance et voix délibé-

rative en la Chambre de la noblesse, aux
États de Bourgogne, suivant le règlement
du 7 mai 1778, faisant profession des
armes : en foi de quoi, etc. »

Il est impossible, de marquer plus nettement qu'il existe une différence entre le
gentilhomme et le noble. Or, cette différence, quelle est-elle ? ou, en d'autres
termes, quelles étaient les conditions exi-
gées et les preuves requises pour l'entrée
aux États de Bourgogne? L'article 4 du
règlement du 7 mai 1778 va nous l'ap-
prendre :

« Messieurs les commissaires vérificateurs ne recevront que les titres nécessaires
pour la preuve de cent ans et de quatre degrés
sans qu'on puisse compter dans la dite
preuve ceux qui auront acquis la dite noblesse, soit par possession de charges ou
lettres de Sa Majesté, ni comprendre le présenté qui doit former le cinquième degré. »

Ainsi, Monsieur, vous avez mille fois
raison d'affirmer que le gentilhomme était

un noble de quatre races *pour le moins ;* en
Bourgogne on exigeait la preuve de quatre
degrés pleins, sans compter les extrêmes,
c'est-à-dire l'anobli et le présenté. — J'a-
joute que ces quatre degrés ne pouvaient
être établis que d'une manière étroite et
rigoureuse, « par titres constitutifs, tels
que arrêts ou jugements de maintenue,
lettres de convocation ou dispense d'ar-
rière-bans, reprises de fiefs, aveux et dé-
nombrements donnés en des Chambres des
comptes ou bureaux des finances, *pourvu
qu'en icelles reprises ceux qui les auront faites,
y aient pris des qualités nobles, comme d'é-
cuyers et de chevaliers qui y aient été admises*
par des partages nobles, des tutelles ou pu-
blications de testaments ou des bailliages
royaux, sans admettre les contrats de mariage ni les extraits baptistaires, qui ser-
vent seulement à établir la filiation. »

Ici se terminerait naturellement ma com-
munication, si la phrase que je viens de
souligner ne m'amenait à vous exprimer,

en deux mots, mon sentiment sur la qualification d'écuyer, et sur la valeur exacte que lui ont attribuée les arrêts du Conseil et les jugements d'intendants, rendus lors des grandes recherches entreprises sous Louis XIV. — En 1789, le titre d'écuyer était par excellence le titre caractéristique de la simple noblesse. Toute personne noble ou anoblie avait le droit de le prendre en tous actes, et réciproquement l'usage de ce titre prolongé dans une famille pendant un espace de cent ans, faisait présumer la noblesse de cette famille, sauf le cas de roture antérieure, la noblesse de sa nature étant imprescriptible. — Étaient également considérées comme caractéristiques de noblesse les qualifications de Messire et de Chevalier, celle-ci réservée à la haute noblesse, celle-là précédant le nom propre et communément portée par les personnes revêtues de quelque dignité civile ou militaire. Il en était ainsi dans tout le royaume. — Il y a plus : non-seulement tout noble

ou anobli avait le droit de prendre la
qualité d'écuyer, mais c'était en outre une
obligation pour lui de la prendre, s'il voulait assurer à sa descendance la jouissance
du privilége de noblesse ; l'omission de
cette qualité noble prolongée pendant plusieurs degrés ne pouvait être couverte que
par des lettres de relief ; c'était une véritable dérogeance.

Et maintenant, ces qualifications nobles
si étroitement unies à l'état même de noblesse n'avaient-elles pas d'équivalents ?
Non, en règle générale ; oui, par exception,
en certaines provinces. La qualité de *noble*
placée comme celle de Messire devant le
nom propre, était assimilée à celle d'é-
cuyer, et passait pour une qualification caractéristique de noblesse dans les provinces
de Flandre, Hainaut, Artois, Franche-
Comté, Lyonnais, Dauphiné, Provence,
Languedoc et Roussillon et dans l'étendue
des parlements de Toulouse, Bordeaux et
Pau (celle de *noble homme* en Normandie

seulement), c'est-à-dire, en règle générale, dans les provinces récemment réunies à la couronne et dans les pays de droit écrit dont nos rois avaient respecté les usages en matière de noblesse.

En était-il de même en Lorraine ? On pourrait induire *à priori* un semblable usage de la position analogue d'une province longtemps indépendante et qui avait en outre conservé une ligne de démarcation nettement tracée entre ses familles d'ancienne chevalerie décorées des titres de chevalier et d'écuyer et les nombreux bourgeois anoblis par ses ducs auxquels la qualification de noble devait suffire. — Si vous demandez à la bibliothèque de Nancy des ouvrages sur la *noblesse* lorraine, l'employé vous apportera quelques vieux traités héraldiques sur les familles chevaleresques du pays, en ayant grand soin de laisser sur les rayons les *anoblis* de Dom Pelletier. — Je parle d'expérience.

Ces quelques réflexions ne vous paraitront peut-être pas tout à fait indignes de passer sous les yeux des lecteurs du *Héraut d'armes ;* c'est dans cette pensée que je vous les adresse en vous priant d'agréer, etc.

JULES MAULBON D'ARBAUMONT.

Dijon, ce 10 décembre 1861.

—

Réponse au même Rédacteur.

Chaumont, 10 janvier 1862.

Monsieur,

Vous avez bien voulu me faire connaître le *Héraut d'armes ;* je vous en remercie. L'œuvre que vous avez entreprise est à la fois intéressante et utile ; elle réunira sans doute les suffrages de tous ceux qui attachent aujourd'hui quelque prix aux glorieuses traditions des familles et à l'illustration des services rendus. Grâce à Dieu,

la noblesse, qui, pendant huit siècles, a été
l'honneur et la force de la France, qui, pendant huit siècles, l'a éclairée de son génie et
protégée de son épée, qui, sauf peut-être
une époque de généreux entraînements,
mais de fatales erreurs, a marché toujours
à la tête de la civilisation du pays, cette
noblesse patriotique et dévouée, qui ne
fermait pas ses cadres à demeure, comme
d'autres aristocraties aujourd'hui tombées,
mais qui faisait sans cesse des recrues et
savait se rajeunir d'un sang nouveau, qui
s'appropriait avec choix tout mérite émi-
nent et toute vertu éclatante, la brave noblesse de Bouvines, de Marignan, de Lens,
de Fontenay, de la Moskowa, la noblesse
intelligente qui donnait à la monarchie ses
plus fidèles conseillers, et à la justice ses
plus intègres ministres ; cette noblesse, dis-
je, n'est pas seulement, comme on veut le
dire, un souvenir, une belle ruine, une
curiosité d'archéologue, vénérable peut-
être encore, mais croulante et démantelée ;

c'est un monument national que les révolutions ont insulté, mais qu'elles n'ont pas réussi à abattre : le temps a marché, l'ère qui l'avait vu grandir s'est fermée, et il est resté debout, défiant les tempêtes, comme pour montrer que, si les institutions politiques peuvent périr, il est des faits sociaux éternels de leur nature, parce qu'ils se renouvellent et se perpétuent d'eux-mêmes, comme la société, à chaque génération.

Vous avez compris cela, Monsieur, et vous ne vous êtes pas trompé. Vous avez compris aussi que cette perpétuité n'était pas sans conditions et qu'elle imposait certains devoirs. *Noblesse oblige*, disait-on autrefois. Si la nôtre veut conserver son prestige, il faut qu'elle ne rejette pas le rôle que lui imposent des lois nouvelles. Il faut que, tout en demeurant fidèle à son glorieux passé, elle sache s'accommoder sans résistance au temps présent. Il faut qu'elle se mêle au torrent de l'activité hu-

maine et qu'elle s'arrache à cette oisiveté
boudeuse et découragée où les restes de la
vieille phalange vivent et meurent dans
des regrets inutiles. Il faut que, sans
cesser d'être la première par la valeur (elle
est loin d'avoir dégénéré), elle soit encore
la première par la science, par les lumières,
par le goût, par toutes ces nobles expres-
sions de l'esprit qui, depuis trois siècles,
ont placé la France à l'avant-garde des nations européennes. Il faut, en un mot, qu'elle
ne soit ni trop arriérée ni trop progres-
sive, ni trop exclusive ni banale, et qu'elle
appuie toujours la suprématie qu'elle réclame sur la supériorité qui s'établit par
la vertu ou le talent. Il faut, de plus, qu'elle
se purifie de tout l'alliage que d'indus-
trieuses vanités ont mélangé à l'or de son
blason.

C'est qu'en effet la vanité a fait plus de
mal à la vraie noblesse que les proscriptions
révolutionnaires. D'un signe honorable qui
devait être la récompense de brillants ser-

vices ou le souvenir héréditaire de vertus
patrimoniales, la vanité a fait un hochet,
bon tout au plus à la porte d'un salon.
Elle a discrédité les généalogies en les fal-
sifiant ; elle s'est parée d'alliances et de
titres mensongers ; elle a étalé sur les pan-
neaux de ses voitures d'insolentes armoiries, qui, vous l'avez justement remarqué,
Monsieur, n'ont rien à démêler avec la
science de d'Hozier ou de Chérin. On a
préféré un nom sonore, bien que douteux,
à une filiation respectable, mais un peu pou-
dreuse, et tout en recherchant avec fureur
les antiques portraits de famille, certains
ont la prudence de ne pas citer leur grand-
père. On faisait jadis quelques cas de l'o-
rigine. Vanité de nos aïeux ! La particule
tient lieu de parchemins : combien de prétendus nobles qui, en fait de naissance,
n'ont que ce qui est indispensable pour
exister !

Vous conviendrez, Monsieur, qu'une telle
maladie appelait un remède, et que ce

scandale de falsifications et de fraudes déshonnêtes dont nous avons été les témoins depuis quelques années, méritait bien l'attention du législateur. Il faut avouer aussi que le malade ne se montrait pas facile à traiter, et que la vieille pharmacopée des Édits auxquels vous semblez faire allusion dans votre numéro de décembre 1861 n'aurait pas eu des résultats bien efficaces et bien puissants. « Il n'y a pas de droit contre le droit. » Vous avez raison de rappeler le grand mot de Bossuet, et je suis loin de vous contredire, mais quel effet, je vous le demande, auraient eu d'anciennes dispositions, d'une application fort contestable, ignorées de tout le monde, quelque peu décrépites, et partant méprisées? D'ailleurs, l'abus de la particule n'est pas d'hier, il est d'aujourd'hui; l'importance nobiliaire que le vulgaire lui a donnée est toute récente, les principes de l'ancien droit ne pouvaient s'y appliquer. Le législateur de 1858 a donc été heureusement inspiré en interposant son autorité entre le droit et l'usurpation, et en proscrivant les changements illégaux que la fraude et la vanité introduisaient à l'envi dans les noms de famille.

Nous sommes, vous et moi, je l'espère, d'accord sur ce point. A-t-il atteint son but? Voici seulement la question sur laquelle nous différons d'avis. M. V. B. et M. d'Arbaumont paraissent croire qu'il s'est trompé : j'estime pour ma part, qu'il a fait tout ce qu'il pouvait faire. Les articles que j'ai publiés sous le patronage de la *Gazette des Tribunaux* n'ont pas un autre sens.

J'ai cherché à établir que, malgré ses dispositions pénales contre les usurpateurs des *distinctions honorifiques*, la loi de 1858 n'attribuait pas à la particule un caractère nobiliaire; c'est-à-dire que la concession d'un *de* ou la reconnaissance du droit appartenant à certaines familles de faire précéder leur nom de cette préposition n'équivalait pas, au point de vue de la science héraldique, à un anoblissement. J'ai soutenu, contre l'opinion de MM. de Sémainville et d'Arbaumont, que nul n'avait le droit, même en justifiant de sa qualité de noble, d'ajouter la particule à son nom, et j'avoue que vos observations bienveillantes ne m'ont pas encore convaincu.

Vous semblez regretter, avec quelques auteurs, que la loi de 1858 n'ait pas simplement proscrit l'usurpation des *titres de noblesse*, comme le code de 1810. Eh bien! j'admets un instant que cette phrase ait été textuellement insérée dans la loi. Croyez-vous que son but ait été atteint? Croyez-vous que l'usage illégal de la particule (à laquelle, d'après vous et moi, l'ancienne France n'attachait aucun sens nobiliaire), ait cessé? Croyez-vous que les audacieux usurpateurs d'une qualification mensongèrement honorifique n'aient pas profité de ce texte pour se tenir en dehors de la loi? Croyez-vous que le Code pénal n'ait pas été pour eux, comme pour les tribunaux, une lettre morte ? « Je suis oiseau, voyez mes ailes, » je suis noble, voyez mon *de,* auraient-ils pu dire dans le monde, tandis qu'ils auraient victorieusement répondu au procureur impérial : « Mon *de* ne m'appartient pas, c'est vrai ; mais ce n'est pas un *titre de noblesse.* »

Et il ne faut pas croire que les mœurs, l'opinion publique, la malice nationale, les lazzis populaires aient pu faire justice de cet abus. L'histoire des trente dernières années est là pour répondre. Elle vous dira que, si l'esprit est puissant en France, il l'est moins que la vanité ; elle vous dira que l'ironie n'a rien arrêté, rien empêché, et que les plaisanteries les plus spirituelles et les plus acérées ont amusé les badauds sans contenir personne. Nous sommes ainsi faits en France ; les usurpations les moins justifiées sont souvent celles qui se consacrent le plus facilement devant le public. Nous rions de l'apostrophe de notre voisin, et nous ne nous souvenons plus que, grâce

à un audacieux coup de ciseaux, notre nom
s'est hier découpé en deux. Vos excellentes
études sur le Blason rétabliront-elles l'ordre dans la science des Armoiries? Effa-
ceront-elles ces écussons bizarres, fantas-
tiques, qui décorent les plus élégants
coupés des Champs-Élysées, au mépris de
l'art des Ménétrier et des La Colombière?
Introduiront-elles quelque harmonie dans
cette confusion d'émaux, de fourrures, de
cimiers et de métaux qui vous inspirent
de si éloquents regrets et font la joie
des nobles étrangers? Je le souhaite, Monsieur, mais si vous voulez que je vous con-
fesse toute ma pensée, je ne l'espère guère.

Il fallait donc quelque chose de plus que
d'innocentes railleries; il fallait l'expression d'une haute volonté, la crainte d'une
disposition pénale ; le Corps législatif l'a
pensé, et, selon moi, il a eu raison.

Jusqu'ici, Monsieur, ma discussion, si
c'en est une, a été assez claire parce qu'elle
a été assez simple. Qu'ai-je ajouté? que la

noblesse, la vraie noblesse, la noblesse non
titrée, avait un autre signe distinctif que
la particule, un signe que les anciens usages
lui accordaient, et que la loi moderne ne
lui conteste pas : ce signe, ou plutôt ce
titre, c'est celui de *Noble* ou d'*Écuyer*. *Pas
de noblesse sans titre*, c'était autrefois un
axiôme incontesté. Dans l'article que renferme votre dernier numéro, Dom Pelletier
reconnaît « que la qualité d'Écuyer prouve
toujours la noblesse, » et il ajoute seulement
qu'elle n'est presque plus en usage que pour
la petite noblesse. Mon bienveillant contradicteur, M. Jules d'Arbaumont, avoue
de son côté « qu'en 1789, le titre d'Écuyer
était par excellence le titre caractéristique
de la simple noblesse. » Je ne crois pas
avoir dit autre chose. C'est précisément
parce qu'avant 89 la qualité d'Écuyer était
la qualité distinctive de la simple noblesse ;
parce que depuis, et notamment de 1815 à
1830, toutes les lettres d'anoblissement con-
cédaient ce titre aux personnes qui les

obtenaient (exemple : Chauveau-Lagarde),
que j'ai estimé qu'aucun autre ne convenait
mieux à la simple noblesse, pourquoi ne
pas le dire? à ce qu'on appelait autrefois la
petite noblesse.

Cette qualité avait dans certaines provinces des équivalents, des synonymes,
je ne le conteste pas : ici on s'appelait *noble
homme* et là *noble* seulement : les uns prenaient, à tort ou à raison, le titre de *Messire*, et les autres se contentaient plus simplement de celui d'*Ecuyer ;* quoi qu'il en
soit, il y avait un titre générique, une qualité commune, et comme celle d'Écuyer
était la plus généralement acceptée, c'est
celle que j'ai choisie. Je l'ai choisie pour ces
deux motifs : le premier, c'est que son
usage est encore tout récent; le second,
c'est qu'elle peut trouver place comme un
véritable titre, dans les actes de l'état civil.

Mais, me dites-vous, j'ai confondu cette
qualification de *gentilhomme*. J'avoue que
si cette confusion m'a échappé, je n'en re-

trouve aucune trace dans mon travail. Le mot *gentilhomme* y est à peine cité une fois, et encore l'est-il dans un autre sens que celui que vous m'imputez. Mais soit : je réponds que ce n'est pas le moment de faire, en face d'un public fort ignorant, des distinctions trop subtiles. Oui, sans doute, en Bourgogne et dans quelques autres provinces, la qualité de *gentilhomme* était autrefois réservée aux nobles de race, c'est-à-dire à ceux qui faisaient preuve de quatre degrés de noblesse. Cependant ce n'était pas un titre spécial. C'était un terme générique que l'usage avait détourné de son véritable sens. Pourquoi ? Par ce qu'en Bourgogne, nul n'entrait dans l'assemblée de la noblesse, sans avoir fait ses preuves de quatre degrés. C'était la loi de la province, loi sévère qui excluait bien des prétentions respectables, mais c'était la loi. Est-ce que les anoblis qui ne pouvaient prouver cent ans de noblesse n'étaient pas nobles ? Si, vraiment ; et c'est pour les dis-

tinguer de ceux qui faisaient cette preuve
que l'usage donnait à ces derniers la qualité de *gentilshommes*. Mais, je le répète, cet
usage était local, particulier à quelques provinces, inconnu dans tout le Midi par exemple ; cette distinction était loin d'être universellement reconnue. Quelles conséquences
pouvez-vous en tirer contre mon système ?
M'objecterez-vous que je ne respecte pas
les droits acquis, parce que je ne tiens pas
compte des degrés ? L'objection, pardonnez-
moi l'expression, me semble assez puérile,
car personne ne songe aujourd'hui à ressus-
citer tous les titres, et à tenir un compte
sévère des quartiers. Il est des qualifications
usitées dans l'ancienne France que vous ne
relèverez jamais, pas plus que vous ne re-
constituerez les *Chambres de la Noblesse*. Il
n'y a plus aujourd'hui ni pays d'État, ni
pays d'élection, ni ordre, ni castes, ni priviléges, ni provinces, ni seigneurs, ni seigneuries, ni lods, ni cens, ni terres ou droits
féodaux ; il n'y a plus même ni comtés, ni

duchés, ni marquisats, et s'il y a encore des nobles portant des titres de cette nature, pour bien des gens, il n'existe point de différence entre le comte et le marquis. Mais il y a une aristocratie qui se réveille et qui cherche à se reconstituer ; il y a des droits respectables et des usurpations qui ne le sont pas ; il y a de vrais nobles et de faux nobles, c'est-à-dire des gens qui appartiennent à la noblesse, et des gens qui se sont glissés frauduleusement dans son sein ; peu nous importent le nombre des degrés et le chiffre des quartiers ; ce qui nous importe, c'est de distinguer la vérité de l'erreur, de séparer l'ivraie du bon grain, de consacrer les prétentions légitimes et de démasquer l'imposture. Voilà l'utilité de nos recherches, voilà le but pratique qu'elles doivent atteindre ; sauvegardons les principes, montrons-nous érudits et scrupuleux observateurs des règles anciennes, cela est bon, cela est juste ; mais sous prétexte d'exactitude, ne faisons pas de l'archéo-

logie, et, sous prétexte de tout respecter,
ne rêvons pas l'impossible.

Eh bien, Monsieur, j'ai la confiance d'espérer que l'impossibilité n'est pas du côté
de mon système. C'est précisément parce
que je suis de mon temps, et parce que je
veux tenir compte des mœurs nouvelles et
des exigences de nos lois modernes, que
j'ai cherché un moyen de mettre un terme
aux altérations audacieuses des noms patronymiques, en protégeant les droits des familles vraiment nobles, qui, sans titre ap-
parent, se trouvent confondues, que dis-je?
méprisées, avilies par celles dont toute l'illustration provient souvent d'une particule
dérobée ou d'une lettre raccourcie. L'abolition des priviléges n'a pas tué la noblesse,
mais elle l'a transformée ; elle a donné aux
titres une valeur qui n'était attachée autrefois qu'à l'ancienneté et à la naissance ; elle
a rendu nécessaire l'existence d'un signe,
d'une distinction apparente qui soit exclusivement réservée à la noblesse. J'ai dé-

montré, je crois, avec quelque clarté, que
ce signe, que ce caractère n'était point la
particule, et que si la haute noblesse avait
ses titres qui la signalaient au respect de
tous, la petite noblesse avait aussi les siens.
J'ai émis le vœu que celle-ci se pourvût
devant le Conseil du sceau en vérification
de ses titres. J'ai affirmé, le texte de la loi
à la main, que la qualité de noble ou d'é-
cuyer une fois vérifiée et reconnue par cette
haute juridiction, rien ne pouvait s'opposer
à ce qu'elle fût inscrite dans les actes authentiques de la vie de chaque citoyen,
dans les actes de l'état civil. J'apprends
aujourd'hui qu'une demande de cette nature a été récemment déposée à la chancellerie, et que le Conseil du sceau doit
statuer sur son mérite ; cette demande
sera suivie de plusieurs autres [1]. La solution ne peut donc tarder à intervenir ;

---

[1] Depuis la date de cette lettre, le conseil du sceau a
reconnu l'existence légale du titre de *chevalier*.

quelle qu'elle soit, elle nous mettra, je l'espère, tous d'accord. Unis sur les principes, nous le serons aussi sur l'application, et nos efforts tendront uniformément à ce but que M. Delangle proclamait dans son rapport au Sénat en 1855 : conserver à la noblesse le prestige qui appartient au courage, aux services rendus à la patrie, au devoir poussé jusqu'au sacrifice, la protéger contre l'intrigue et la sottise, la défendre contre la fraude, l'honorer comme la digne récompense des grandes vertus et des généreuses actions.

Agréez, Monsieur, l'assurance de mes sentiments très-distingués.

HENRY BEAUNE

Deuxième lettre de M. d'Arbaumont
au HÉRAUT D'ARMES.

Je ne sais plus quel écrivain moderne rencontrant sous sa plume les noms de

quelques serfs obscurs du XIIIe ou du XIVe
siècle, sauvés par hasard de l'oubli et que
leur forme aristocratique semblait rapprocher des plus grands noms de France, fait
observer que ces pauvres paysans ne portaient au résumé que le nom même de leur
village.

Loyseau, en son *Traité des Ordres*, avoue
« qu'il y a peu d'excuse en la vanité de
nos modernes porte-épée, qui, n'ayant point
de seigneurie dont ils puissent prendre le
nom, ajoutent seulement un *de* ou un *du* devant celui de leurs pères, ce qui se fait en
guise de seigneurie, pour indiquer le génitif possessif. » Après avoir rappelé l'exemple
du président Dufaur, connu de son temps à
Toulouse sous le nom de Fabri, en sous-
entendant *dominus*, de même que *Du Faur*
appelle nécessairement le nom de *seigneur*,
le docte jurisconsulte continue : « Ceux
qui mettent ces particules au devant de leur
nom veulent qu'on croit que leur nom vient
de quelque seigneurie qui était d'ancien-

neté en leur maison; de sorte que c'est
toujours s'attacher à la terre et la préférer
à l'homme, contre la raison de la loi *Justissime*, **D.** *de œdilitio edicto*, et contre la règle
de Cicéron aux *Offices*, que : *non domo dominus, sed domino domus honestanda est*. Mais
quoi! ajoute Loyseau, notre nouvelle noblesse ne pense pas que ceux-là soient gentilshommes dont les noms ne sont anoblis
par ces articles ou particules, encore bien
que les noms témoignent que jadis les plus
notables familles de ce royaume ne les
avaient; mais cela est venu de degré en
degré, comme l'ambition croît toujours. »

Ainsi exprimer un rapport d'origine ou
un rapport de possession, tel est, si l'on remonte aux sources grammaticales et historiques, le véritable sens, telle est la formule
rigoureusement exacte de la particule *dite*
nobiliaire. — Je voudrais voir ce qu'en a
fait l'usage.

La loi du 28 mai 1858 a eu l'heureux effet de restaurer parmi nous les études hé-

raldiques qu'un esprit trop exclusif de trompeuse égalité voudrait en vain reléguer au chapitre des vieilleries. On a étudié la noblesse dans son passé : on cherche à déterminer son état actuel juridique et légal. — Parmi les questions que l'examen de cette loi a soulevées, il n'en est point qui ait excité d'aussi vives controverses et créé d'aussi complètes dissidences, que celle de la particule nobiliaire. Quelques-uns soutiennent qu'après être devenue par l'usage le signe conventionnel de la noblesse, la particule doit en être aujourd'hui, ou même qu'elle en est, en effet, l'indication légale. D'autres, plus amoureux de la rigueur des principes, et ne craignant point, *sous prétexte d'exactitude, de faire de l'archéologie*, lui refusent ses lettres de naturalisation, et ne voient de salut pour la noblesse, que dans le retour à la qualification vieillie d'écuyer. Du côté des adversaires de la particule l'attaque est vive et bien conduite ; parmi eux se signale M. Henry Beaune, dont la thèse est ingénieusement développée dans deux articles qui ont paru au mois d'octobre dernier dans la *Gazette des Tribunaux*. — C'est s'y prendre un peu tard peut-être que de venir aujourd'hui seulement examiner ce remarquable travail auquel le public et les lecteurs du *Héraut d'Armes* spécialement ont déjà rendu sans nul doute un juste tribut de louanges; mais enfin, s'il y a beaucoup à louer dans cette étude, ne s'y trouverait-il rien à reprendre? Et d'ailleurs, l'attaquer si longtemps après sa naissance, n'est-ce pas en proclamer justement l'importance, et reconnaître qu'elle a dépassé de prime-abord le cadre étroit d'un article de journal? — *Scripta manent*.

Je veux écarter la question juridique au point de vue du droit ancien. Cette question est simple; il a suffi à M. Beaune de quelques lignes pour la mettre dans tout son jour. *Point de Noblesse sans titre*, tel était l'invariable axiôme de notre vieux droit nobiliaire; or, dans la hiérarchie des titres, vous trouvez des nuances et des degrés depuis le duc et pair jusqu'au simple écuyer ; y voyez-vous figurer la particule ? Nullement. — La possession de cette dernière n'assurait aucun privilége ; son usurpation ne faisait encourir aucune peine.

Il y a plus : les ordonnances et les édits de nos rois sont absolument muets sur l'emploi de la particule comme distinction honorifique. — La déclaration de Louis XIV du 3 mars 1699, qui interdit à tous autres qu'aux nobles de race de prendre le *de* devant leur nom, n'a trait qu'à la Franche-Comté, comme le fait très-bien observer M. Beaune, et s'explique par des circonstances toutes spéciales. Il y a une ordonnance semblable de Charles III, duc de Lorraine, rendue en 1565 ; le *Héraut d'Armes* l'a publiée. Enfin, je ne crois pas m'avancer trop en disant qu'on en pourrait trouver d'analogues dans la législation nobiliaire des Flandres. — Pour rencontrer une consécration officielle du sens nobiliaire de la parti-

cule, il faut sortir de la France et descendre
jusqu'à la fin du siècle dernier : la chancellerie autrichienne, vers 1775, prit l'habitude de permettre aux anoblis d'user de la
particule : *Item*, portent ses diplômes, *permettons au sieur... uti particula* DE *vel* A *si
voluerit.*

Voilà, certes, un léger bagage ; mais de
l'étude et du rapprochement de ces raris-
simes ordonnances ne pourrait-on pas tirer
un curieux enseignement? — Remarquez-
le : la déclaration de 1699 ne fait que ré-
nouveler les défenses portées par d'anciens
règlements et édits des rois d'Espagne de
1650, 1629 et 1619. Or, les Flandres d'une
part, de l'autre la Franche-Comté, quoique
française d'origine, ont appartenu pendant
plusieurs siècles à la maison d'Autriche ; la
Lorraine formait un cercle du Saint-Empire
romain. — Serait-ce par hasard de la Ger-
manie que nous viendrait la consécration légale de la particule nobiliaire?... Je com-
mence à croire en vérité que les scribes de

la chancellerie autrichienne de 1775 n'ont
fait que sanctionner un vieil usage de famille, ce qui rendrait sans doute moins
piquante, *la fine raillerie allemande* que
M. Beaune veut voir dans le *si voluerit* des
diplômes impériaux, *à l'adresse de cette nouvelle manie française.*

Nouvelle manie... vieille dès lors de deux
siècles ! — C'est tout ce que je voudrais
établir aujourd'hui.

. Chercher à prouver que l'usage de la particule *comme signe nobiliaire de convention*, est
ancien et général en France, c'est vraiment
s'exposer à des redites et tomber dans le
lieu commun. Voici pourtant quelques traits
généraux qu'il importe de ne jamais perdre
de vue, et quelques détails qui, à défaut
d'autre mérite, auront du moins celui de
n'avoir pas encore été produits au débat.

Les plus illustres familles de la noblesse
française, nées en même temps que la monarchie, n'ont jamais porté d'autres noms
que ceux même des fiefs sur lesquels elles

régnaient au moment où les noms sont devenus héréditaires. C'est une conséquence
naturelle de cette pénétration intime et ré-
ciproque de la terre et de la famille qui est
le grand fait social du moyen âge, et dont
l'axiôme : *Nulle terre sans seigneur* peut être
considéré comme l'exacte formule. Cette loi
est générale et souffre peu d'exceptions,
depuis le xie jusqu'à la fin du xive siècle.
Sans doute pendant cette longue période les
mêmes seigneuries ne sont pas restées im-
muablement attachées aux mêmes maisons.
Par achat, par conquête, par confiscation,
par mariage, les fiefs changeaient souvent
de mains; mais avec la terre passaient aux
nouveaux possesseurs le nom, le titre et le
blason. C'étaient de perpétuelles substitu-
tions, d'infinis croisements de familles et de
branches; de là une grande difficulté de
suivre les filiations des plus grandes races
elles-mêmes. Mais cette extrême mobilité
de possesseurs ne fait que mieux ressortir
la perpétuité du principe : la terre qui

faisait l'homme, lui imposait aussi son nom.

Cependant, à l'ombre des institutions communales et sous l'aile de la royauté, s'était lentement élevée une classe nouvelle qui, par la richesse et la science, ne tarda pas à arriver au pouvoir et aux honneurs. Au xve siècle on trouve des bourgeois partout, dans les assemblées des hôtels de ville, dans les universités, dans les cours souveraines, jusque dans les conseils des rois; c'est aussi l'époque des anoblissements; anoblissements par lettres, par charges ou par l'acquisition des terres nobles. Les vieilles familles féodales s'éteignent ou se ruinent; ce sont les bourgeois qui les remplacent. — Au xvie siècle il y eut un vrai débordement. C'est au milieu des guerres civiles qui en ont rempli la seconde moitié, que se sont élevées la plupart des familles nobles qui se peuvent dire anciennes aujourd'hui. Et puis, tandis que les hommes changeaient, le vieux principe restait immuable, et le

9.

bourgeois de la veille se hâtait de cacher le nom roturier de ses pères sous le nom sonore de sa nouvelle seigneurie.

Abus dans les anoblissements ; abus dans les changements de nom, voilà l'état fâcheux auquel la royauté voulut porter un double remède. — Il y avait, je viens de le dire, deux sortes d'anoblissements : les anoblissements par charges ou par lettres ; les anoblissements par possession de fiefs. Les premiers étaient une source immédiate de profits pour le trésor ; on continua de les vendre... avec une déplorable prodigalité. Les autres ne rapportaient rien ou peu de chose ; à la *tierce-foi*, l'anoblissement était parfait, toute trace de roture effacée, et le droit de franc-fief lui-même ne pouvait plus être perçu. L'ordonnance de Blois de 1579 (art. 238) déclara « que tous les roturiers et non nobles, acquéreurs de fiefs nobles, ne seraient ni anoblis ni mis au rang et degré des nobles, de quelque revenu et valeur que fussent les fiefs par eux acquis. » L'ano-

blissement par la possession d'un fief noble
était une sorte d'anoblissement *motu proprio*
qui portait ombrage à la royauté ; le vieux
principe féodal disparut devant les exigences d'un nouvel état social ; jusqu'alors
la terre avait fait l'homme ; désormais le
prince seul fera le noble.

L'ordonnance de Blois fut assez fidèlement exécutée. — Pourrait-on en dire autant de l'édit donné à Amboise par Henri II,
en 1555, et qui faisait défense à toutes personnes « de changer leurs noms et armes
sans avoir obtenu des lettres de dispense? »
L'intérêt était différent ; la répression fut
inégale. L'édit de 1555 ne fut pas même
enregistré. — L'usage de changer de nom
ou d'ajouter au sien celui d'une seigneurie
prit au contraire une nouvelle extension ;
au commencement du xviie siècle, il était
devenu tellement général, que l'ordonnance
de Marillac (1629) dut enjoindre à tous
gentilshommes *de signer du nom de leur fa-*
mille et non de leur seigneurie ; tellement in-

vétéré, que cette ordonnance ne put jamais
être exécutée ! — Et voilà pourtant cette
particule qui *avait autrefois si peu d'impor-*
tance que, nobles ou roturiers, elle était indif-
férente à tous !

Quant aux porte-épée dont parle Loyseau,
et qui, à défaut de seigneurie, mettaient un
de ou un *du* devant leur nom de famille, ce
n'était pas sans doute une *qualification chi-*
mérique dont ils prétendaient se décorer. A
leurs yeux c'était tout au moins l'apparence
de la noblesse. On ne pensait pas dès lors,
c'est Loyseau qui l'affirme, que ceux-là
fussent gentilshommes *dont les noms n'étaient*
ANOBLIS *par ces articles ou particules,* » et au
risque de commettre « une incongruité
contre cette règle de grammaire qu'on appelle la règle d'apposition » tous, avec un
ensemble qui paraît exclure l'idée d'indif-
férence, s'empressaient de s'attribuer *cette*
petite propriété syllabique, comme disait le
président de Brosses, qui, sans indiquer
forcément la noblesse, la fait présumer le

plus souvent, et en était *dès lors* l'enseigne habituelle.

Il faut que la particule ait été considérée depuis bien longtemps en France comme une sorte de distinction honorifique, extra-légale, si l'on veut, pour que Tabourot, procureur du roi au bailliage de Dijon, qui vivait au milieu du XVIe siècle, ait pu écrire que les roturiers qui altèrent leurs noms par changements ou additions, sont sujets à la peine du faux, parce qu'ils *usurpent une* QUALITÉ DE NOBLE *qui tient espèce de rang signalé en France.* Dans le même temps, en 1566, on trouve une décision du parlement de Toulouse « ordonnant, sur la demande d'un procureur, de rétablir devant le nom de cet officier, et comme signe de noblesse, la particule *de* que l'on avait omise à tort dans le tableau, et de l'enlever devant le nom de plusieurs autres. » M. de Bastard, qui rapporte ce fait dans son livre sur *les Parlements de France*, en conclut d'une manière absolue que la particule est véritable-

ment *un signe de noblesse*, dans le sens rigou-
reux du mot. J'avoue que cet exemple isolé
ne me saurait convaincre ; il prouve cependant que l'idée d'attribuer un tel sens
à la particule n'est pas tout à fait née
d'hier.

Tout le monde y passait ; il n'est pas jusqu'à l'auteur du *Cid* qui, depuis l'anoblissement de son père, se faisait appeler M. de
Corneille. M. le marquis de Queux de Saint-
Hilaire a rappelé dans le dernier numéro
du *Héraut d'Armes* cette curieuse particula-
rité. — Seule, la noblesse de robe parait
avoir échappé pendant quelque temps à la
contagion ; élevée dans le respect des principes et dans le culte du Digeste, elle avait
médité sans doute la loi *Justissime de œdilitio
edicto*, et jugeait avec Cicéron que : *non
domo dominus, sed domino domus honestanda
est*. — Et encore que d'exceptions ! Ne sa-
vons-nous pas que les Aguesseau devinrent
d'Aguesseau ? et que les Lamoignon « ces
avocats renforcés qui, du barreau où ils

gagnaient leur vie, étaient devenus des
magistrats considérables, avaient pris le
de? » C'est Saint-Simon qui nous l'apprend.
— En vérité il faut avouer que la particule
n'était pas absolument sans valeur, puisque
les ancêtres de Malesherbes ont cru s'en
devoir décorer.

Le plus souvent ces additions de particules se faisaient sans formalités, au gré de
chacun; quelquefois, pour plus de sûreté,
et en conformité des ordonnances, on re-
courait au souverain. C'est ainsi qu'un secrétaire de Louis XI nommé Decaumont,
fut autorisé, en 1464, à séparer la première
syllabe de son nom. Jean Loir, en 1596,
Ambroise Vic, en 1613, devinrent, de par
une autorisation royale, Jean de Loir et
Ambroise de Vic. — M. Henry Beaune aurait
pu lire dans le *Traité de la Chambre des
Comptes de Dijon*, d'Hector Joly, qu'un sieur
Brunegat, conseiller au parlement de Bourgogne de 1617 à 1633, et Breton de nation,
« obtint lettres de pouvoir adjouster la pré-

position DE en son nom, et de dire et écrire
le sire de Brunegat. »

Que certains roturiers aient porté la particule, qui le nie? Que d'illustres familles
aient jugé inutile d'en allonger un nom historique, qui le conteste? Encore une fois,
la particule n'était pas un titre de noblesse,
mais ce qu'il importe de constater et ce qu'il
faut bien reconnaître, c'est qu'elle accom-
pagnait le plus souvent le nom des gentilshommes et qu'elle était pour ainsi dire la
décoration extérieure de la noblesse. — Il
peut se faire aussi que certaines personnes
n'aient pas, dans l'usage, séparé la particule
du nom lui-même, que d'Aguesseau, par
exemple, ait signé Daguesseau, et que les
d'Argenson aient écrit souvent : Devoyer-
Dargenson, ce ne sont là que des exceptions ;
on en pourrait citer bien d'autres. — Est-ce
à dire qu'aucune valeur ne fut attachée à
cet article qu'on avait pris naguère tant de
soin à ajouter à son nom, à cette particule
que le sens logique distinguait suffisamment

du nom lui-même, et qu'on était, d'ailleurs,
toujours libre d'en séparer, de par son droit
de gentilhomme, sans risque de se heurter
contre les résistances d'un officier de l'état
civil, ou contre un article du code pénal ?
Dans la plupart des signatures, le prénom,
le nom de famille, le nom de terre, ne faisaient qu'un. Quant à moi, je ne saurais voir
dans tout ceci qu'un accident d'écriture, et
je n'apprendrai rien à M. Beaune en lui rap-
pelant que, dans tous les manuscrits du
xvie, du xviie et même du xviiie siècle,
on rencontre à chaque instant des liaisons
de mots bien plus étranges encore.

Mais le théâtre, dira-t-on, ce fidèle reflet
des mœurs d'une époque, le théâtre va nous
convaincre ! Des exemples tirés du théâtre ?
en voici, et du roman aussi, et encore de
l'apologue. — Certes, le prieur de Saint-
Louis, dans la continuation du *Roman co-
mique* de Scarron, pensait fort relever sa
naissance en racontant que les femmes de
ses deux grands-pères étaient *Demoiselles*;

et qu'il y avait du *de* à leur surnom. —
M. de Petitjean, des *Plaideurs*, pourrait être
à la rigueur le grand-père d'Antoine Lisimon,
écuyer, et seigneur suzerain d'un million d'écus;
et maître Renard, ce flatteur émérite,
n'avait pas manqué d'allécher par l'appât
d'une particule, monsieur *du* Corbeau, sa
victime, bien longtemps avant que les gens
du bureau de la guerre aient jugé convenable
d'en décorer M. *de* Chamillart. On en pourrait citer d'autres, mais il faut s'arrêter.

S'il ressort de tout ceci que l'usage de la
particule, comme signe conventionnel de la
Noblesse, était ancien et général en France,
mon but est atteint. En 1789 toute l'ancienne noblesse la portait, soit devant le
nom de famille, soit devant un nom de terre.
Sans quitter la Bourgogne, où j'aime volon-
tiers à prendre mes exemples, et sans sortir
du cercle de cette noblesse sénatoriale moins
accessible que toute autre aux influences de
la mode, qui donc aurait pu reconnaître les
Berbis dans les de Longecourt, les Fyot dans

les de La Marche, les Bouhier dans les de
Lantenay, les Macheco dans les de Premaux,
les Richard dans les d'Ivry, les Legouz dans
les de Saint-Seine, et tant d'autres ; qui aurait pu trouver étrange que les Berbis, les
Berbisey, les Bouhier, les Macheco, les Richard fussent devenus : de Richard, de Macheco, de Bouhier, de Berbisey, de Berbis?
Quant aux anoblis, ils attendaient à peine
une génération pour allonger leur nom ; le
Héraut d'Armes en a donné de suffisants
exemples tirés du *Nobiliaire de Lorraine* de
Dom Pelletier. Quelques-uns de ces nouveaux venus n'eurent pas le temps d'opérer
cette métamorphose ; la Révolution allait
mettre fin à cet usage... à cette manie, si
l'on veut. Pour moi je mettrai fin aussi à
cette trop longue digression en vous priant,
Monsieur, d'agréer la nouvelle assurance de
ma plus parfaite considération.

JULES MAULBON D'ARBAUMONT.

II.

RÈGLES DE LA PROCÉDURE A SUIVRE DEVANT LE CONSEIL DU SCEAU DES TITRES.

Les attributions du Conseil du sceau des titres sont déterminées par le décret du 8 janvier 1859, combiné avec celui du 1er mai 1808 et les ordonnances des 15 juillet 1814 et 12 mars 1817. Comme les formalités à suivre pour se pourvoir devant cette juridiction spéciale sont peu connues, il n'est peut-être pas inutile de les énumérer rapidement ici, pour servir de *memento* aux personnes qui auraient intérêt à les connaître. Nous ne parlons pas de la procédure en usage devant les tribunaux civils, procédure que nul ne peut ignorer.

§ 1er.

Demande en concession ou en reconnaissance de titre.

Le postulant transmet à un des douze référendaires institués par l'ordonnance du 15 juillet 1814 toutes les pièces sur lesquelles il fonde sa prétention. La demande est déposée par le référendaire à la chancellerie qui consulte le procureur impérial du lieu de résidence du requérant. Ce magistrat transmet son avis au procureur général qui l'adresse avec le sien au Garde des Sceaux. Le préfet du département fournit de son côté un rapport.

Une enquête est alors ouverte au ministère, qui, si elle est favorable, envoie le dossier au commissaire impérial près le Conseil du sceau. Après les conclusions écrites de celui-ci, un rapporteur est dé-

signé par le ministre de la justice, et c'est
après l'avoir entendu que le Conseil statue.
Dans tous les cas, sa délibération est soumise au Garde des Sceaux. Si la demande
est rejetée, le postulant en est informé par
le parquet de son arrondissement; si au contraire elle est accueillie, une ampliation du
décret signé par l'Empereur lui est adressée
contre le récépissé des droits de sceau que
verse son référendaire.

Ces droits sont ainsi réglés par les ordonnances des 14 octobre et 26 décembre
1814 et l'article 55 de la loi du 28 avril
1816 :

Pour collation du titre héréditaire de :

	Droits de Scéau.	Droits des référendaires.	Enregistrement.
Marquis et Comte	6,000 fr.	150 fr.	1,200 fr.
Vicomte	4,000	150	800
Baron	3,000	150	600
Chevalier	60	50	12

Pour la collation du titre héréditaire de

duc, il y a seulement un droit d'enregistrement de 3,000 fr.

Pour renouvellement de lettres-patentes
portant confirmation d'un titre déjà précédemment accordé ou pour reconnaissance
du titre de

	Droits de Sceau.	Droits des référendaires	Enre-gistrement.
Marquis et Comte	100 fr.	25 fr.	20 fr.
Baron	50	20	10
Chevalier	15	15	3

Les simples lettres de noblesse sont soumises aux droits de 600 francs pour le sceau
et de 50 francs pour les référendaires, plus
le droit d'enregistrement proportionnel au
droit de sceau (20 0/0).

§ 2.

Demande en addition ou en changement de nom.

Les formalités à suivre dans ce cas sont en
partie indiquées par la loi du 11 germinal
an XI. En voici le sommaire :

Le postulant doit d'abord insérer au *Moniteur universel*, au journal publié dans son lieu de naissance et à celui qui paraît dans le lieu de son domicile une note énonçant qu'il est dans l'intention de se pourvoir devant la Chancellerie pour obtenir l'autorisation de porter le nom de N.

Il adresse ensuite au ministère de la Justice, sur papier timbré, une demande dans laquelle il fait connaître les motifs sur lesquels il se fonde pour solliciter l'autorisation, et il joint à l'appui son acte de naissance, celui de ses enfants, celui de la personne dont il revendique le nom, avec une expédition des actes qui établissent sa parenté avec elle, un exemplaire de chacun des journaux où les insertions ont été faites et tous les documents qui peuvent établir la possession du nom qu'il désire lui être concédé.

La direction civile de la chancellerie consulte sur la demande le procureur impérial et le procureur général du lieu de résidence du pétitionnaire, et une enquête est ouverte.

Trois mois après l'insertion faite au *Moniteur*, si le Garde des Sceaux juge la demande admissible, elle est renvoyée à la section de législation du Conseil d'État qui délibère à la suite d'un rapport. Son avis est ensuite transformé en décret ou du moins il fournit les éléments principaux de la décision du souverain qui peut, bien entendu, ne pas le suivre. Cë décret, signé, est inséré au *Bulletin des Lois*, après le paiement préalable d'une somme de 650 fr. par chaque impétrant. Un an après, s'il n'y a aucune opposition formulée au greffe du Conseil d'État, le demandeur peut se présenter devant le tribunal de son lieu de naissance et faire rectifier conformément au décret les actes de son état civil.

FIN.

TABLE.

—

Arras, typ. Rousseau-Leroy, rue Saint-Maurice, 26.

www.ingramcontent.com/pod-product-compliance
Lightning Source LLC
Chambersburg PA
CBHW072149270326
41931CB00010B/1936